Iburg

Das einfachste Diabetes-Kochbuch aller Zeiten

Anne Iburg, Diätassistentin und Diplom Oecotrophologin, schreibt seit über 25 Jahren Ernährungsratgeber. Aus ihren Ernährungsberatungen weiß sie, dass vielen Betroffenen eine Umstellung ihres Lebensstils nicht leichtfällt. Dieses Buch soll mit seinen einfachen Rezepten mit jeweils höchstens sechs Zutaten den Aufwand des Kochens klein halten und somit die Ernährungsumstellung erleichtern.

Dipl. oec. troph. Anne Iburg

Das einfachste Diabetes-Kochbuch aller Zeiten

TRIAS

Das Cover-Rezept »Putenstreifen Asiatisch« finden Sie auf Seite 102.

« Das Rezept »Gnocchi-Kürbis-Pfanne« finden Sie auf Seite 86.

SooOooo....

EINFACH!

Willkommen in meiner (Anti-)Diabetes-Küche

Die schlechte Nachricht ist, dass Sie wahrscheinlich von Diabetes betroffen sind, wenn Sie dieses Buch in Händen halten. Wunderbar, dass Sie die Erkrankung mit meinem Buch an ihrem empfindlichsten Punkt packen wollen – der Ernährung. Die erfreuliche Nachricht für Sie ist, dass eine strenge Diabetesdiät, bei der Zucker und andere Lebensmittel absolut verboten sind, heute nicht mehr existiert. Die Herausforderung für Sie wird sein, die eigenen Gewohnheiten zu überdenken. Gut wäre es, wenn Sie die Freude an Bewegung und gesundem Essen neu für sich entdeckten. Denn ein gesunder Lebensstil ist für Menschen mit Diabetes bzw. hohem Diabetes-Risiko (Prädiabetes) ganz besonders wichtig.

Nach wie vor spielen die Kohlenhydrate eine große Rolle in der Behandlung des Diabetes mellitus. Ihre Ernährung sollte vor allem aus viel Gemüse und eher zuckerarmen Obstsorten bestehen. Ballaststoffreiche Produkte wie Vollkornbrot, Vollkornnudeln und Vollkornreis sollten Sie bevorzugen. Eiweißquellen, zum Beispiel mageres Fleisch, Fisch, Eier, Milchprodukte sowie Nüsse und Hülsenfrüchte, sorgen dafür, dass Sie satt sind, und halten den Blutzuckerspiegel stabil. Wer sich gesund ernährt, kann sogar Medikamente einsparen oder ganz darauf verzichten.

Jetzt denken Sie vielleicht, dass gesundes Essen für Diabetiker nicht so gut schmeckt oder sehr kompliziert zuzubereiten ist. Mit diesem Buch möchte ich Sie vom Gegenteil überzeugen. Für meine köstlichen Rezepte brauchen Sie niemals mehr als sechs Zutaten plus Olivenöl, Salz, Pfeffer und Backpulver. Letztere haben Sie vermutlich sowieso in Ihrem Vorratsschrank. Die Zutaten für die Rezepte können Sie zum größten Teil beim Discounter oder in jedem gut sortierten Supermarkt kaufen. Sie brauchen also keine langen Einkaufszettel zu schreiben oder ausgefallene Geschäfte aufzusuchen.

Grundlage meiner Rezepte sind eine pflanzlich betonte Ernährungsweise und die »9 magischen Gesundmacher«, die ich Ihnen ausführlich vorstellen werde. Alle Gerichte sind aufgrund der wenigen Zutaten und der einfachen Zubereitung in Windeseile gekocht und stehen schnell auf dem Tisch. Und das Beste: Sie schmecken auch noch richtig lecker.

Viel Spaß beim Kochen und Genießen wünscht
Anne Iburg

Was passiert bei Diabetes?

Unter dem Begriff »Diabetes mellitus«, umgangssprachlich auch Zuckerkrankheit, werden Erkrankungen des Kohlenhydratstoffwechsels zusammengefasst. Allen gemeinsam ist, dass sie unbehandelt zu erhöhten Blutzuckerwerten führen.

Die Weltgesundheitsorganisation (WHO) geht davon aus, dass Diabetes bis zum Jahr 2030 zu den sieben weltweit führenden Todesursachen zählt. Dabei wäre die Anzahl der Diabeteserkrankungen durch täglich 30 Minuten moderate körperliche Aktivität und eine gesunde Ernährung reduzierbar.

Die beiden Hauptformen des Diabetes sind der Typ-1- und der Typ-2-Diabetes mellitus. Etwa 90 bis 95 Prozent der Betroffenen sind an Typ-2-Diabetes erkrankt, daher richtet sich dieses Buch in erster Linie an sie. Auch wenn es für die Erkrankung genetische Ursachen gibt, sind die wirksamsten Stellschrauben eine ausgewogene Ernährung und viel Bewegung. Übergewicht sollten Sie vermeiden oder reduzieren.

Beim Diabetes ist der Blutzucker erhöht

Damit unser Körper richtig funktionieren kann, benötigt er Energie. Diese Energie beziehen wir aus Eiweiß, Fett und Kohlenhydraten in unserer Nahrung. Der wichtigste Energielieferant sind die Kohlenhydrate. Kohlenhydrate sind u. a. Mehrfachzucker und werden im Dünndarm in Einfachzucker gespalten. Die Glukose (Traubenzucker) ist der wichtigste Einfachzucker und wird bei der Verdauung und Aufspaltung der Kohlenhydrate gewonnen.

Über unseren Blutkreislauf gelangt die Glukose aus dem Darm in unsere Körperzellen. Dafür wird das Hormon Insulin benötigt, das in der Bauchspeicheldrüse (Pankreas) hergestellt wird. Nach dem Essen von Kohlenhydraten steigt der Blutzuckerspiegel an und die Bauchspeicheldrüse schüttet Insulin aus. Es sorgt dafür, dass die Glukose aus dem Blut in die Körperzellen gelangen kann, wo sie benötigt wird. Dann sinkt der Blutzuckerspiegel wieder. Die Bauchspeicheldrüse reguliert die Insulinausschüttung nach der Höhe des Blutzuckers. So wird der Blutzucker bei Menschen mit gesundem Stoffwechsel immer im Gleichgewicht gehalten.

Damit die Glukose für die Energiegewinnung zur Verfügung steht, braucht der Körper nicht nur Insulin, sondern ein System, das den Zucker aus der Blutbahn in die Zellen lässt. Dieses System kann man sich wie eine Tür mit Türschloss vorstellen. Insulin ist der Schlüssel, der die Tür öffnet. Die Glukose kommt durch die geöffnete Tür in die Zellen und der Blutzuckerspiegel sinkt. Dann stellt die Bauchspeicheldrüse die Insulinproduktion ein. Ohne Insulin kann die Glukose nicht in die Körperzellen gelangen, der Blutzuckerspiegel steigt. Ist die Zahl der Türen reduziert oder sind sie kaputt, kann noch so viel Insulin im Blut sein, der Blutzuckerspiegel sinkt trotzdem nicht.

Beim Diabetes Typ 2 ist häufig die »Tür Glukosetransport« aus der Blutbahn kaputt oder funktioniert nicht so gut. So kann die Glukose aus dem Blut nicht oder nicht ausreichend in die Körperzellen übertreten. Dieser fehlerhafte Mechanismus wird auch Insulinresistenz genannt. Der Körper reagiert mit einer Überproduktion von Insulin, ohne dabei den Blutzuckerspiegel effektiv zu senken. Über Jahre kommt es dann zu einer »Erschöpfung« der insulinproduzierenden Zellen, die sich in der Bauchspeicheldrüse befinden. Der Blutzuckerspiegel lässt sich dann trotz aller Bemühungen der Bauchspeicheldrüse nicht senken.

Bei der Diagnose Insulinresistenz, Prädiabetes oder Diabetes mellitus Typ 2 sollte Sie unbedingt die zugeführte Energiemenge (Kohlenhydratanteil und Kohlenhydratzusammensetzung) Ihrer Ernährung verändern. Es geht darum, die Aufnahme schnell resorbierbarer Zucker und damit Blutzuckerspitzen deutlich zu reduzieren, eine angepasste Menge von Kohlenhydraten zu essen und bei Übergewicht bzw. Adipositas die Gesamtenergiemenge zu verringern.

Die Leber reagiert auf den Blutzucker

Die Bauchspeicheldrüse und das von ihr gebildete Insulin sind enorm wichtig für den Kohlenhydratstoffwechsel. Doch ohne die Leber funktioniert nichts. Sie nimmt den im Blut gelösten Zucker auf und speichert ihn bei hohen Blutzuckerwerten kurzfristig und in kleinen Mengen in Form von Glykogen (die Speicherform von Zucker/Glukose). Sinkt der Blutzuckerspiegel unter einen bestimmten Wert, beispielsweise in der Nacht, wird in der Bauchspeicheldrüse Glukagon, der Gegenspieler des Insulins, freigesetzt. Glukagon gibt der Leber das Signal, aus ihrem Zuckerspeicher, dem Glykogen, Glukose freizusetzen und ins Blut abzugeben.

Somit hat die Leber als zentrale Steuereinheit im Kohlenhydrat-

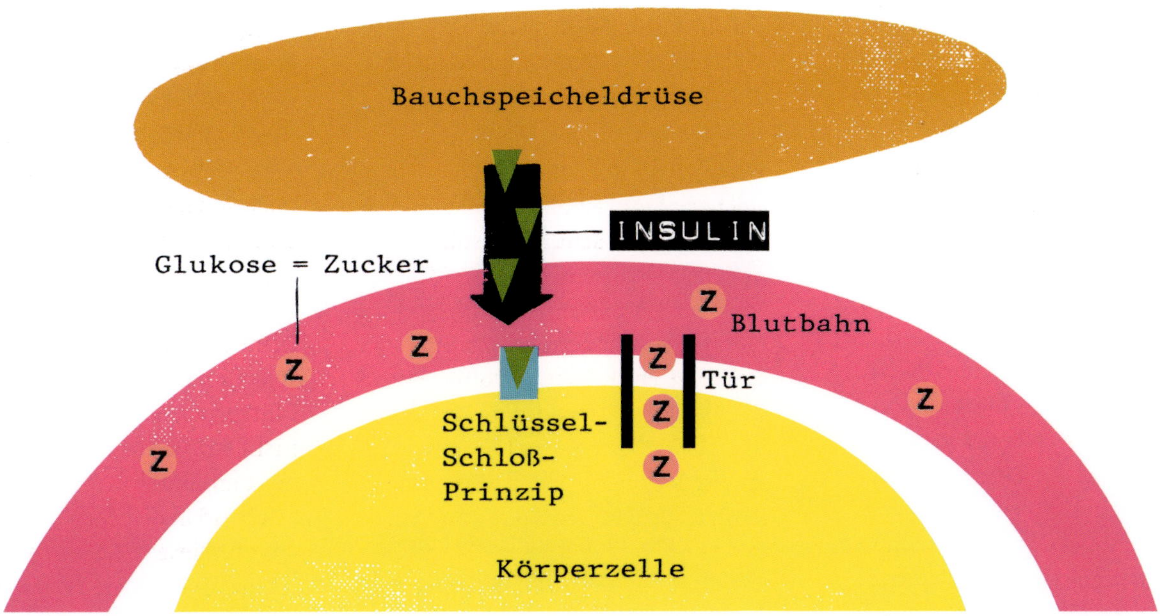

Insulin wird von der Bauchspeicheldrüse ausgeschüttet und gelangt nach dem Schlüssel-Schloss-Prinzip in die Körperzellen.

stoffwechsel die Aufgabe, den Blutzucker durch Entnahme und Freisetzung von Glukose aus ihrem Speicher zu regulieren. Eine gesunde Leber kann so den Blutzuckerspiegel 24 Stunden am Tag in Balance halten. Dieses System kommt jedoch ins Wanken, wenn die Leber verfettet ist und insulinresistent wird. Dann reagiert sie nicht mehr angemessen auf die regulierenden Hormone und setzt unkontrolliert Zucker frei. Das erklärt auch, wieso der Blutzuckerspiegel trotz fehlender Nahrung über Nacht morgens höher ist als abends vor dem Schlafengehen.

Der Blutzuckerspiegel beim Diabetes und die Gesundheit der Leber sind eng miteinander verknüpft. Neben Alkohol bereitet vor allem eine Ernährungsweise mit vielen Kalorien und dauerhaft zu viel Zucker unserer Leber große Probleme. Die Folge kann eine nichtalkoholische Fettleber sein.

Die Stoffwechselzentrale Leber wird geschwächt!

Das Gehirn, die Leber und die Muskeln nehmen den größten Teil der Kohlenhydrate in Form von Glukose aus dem Blut auf. Dabei können die Muskeln nach einer Mahlzeit besonders viel Glukose aufnehmen, in seiner Speicherform (Glykogen) einlagern oder sofort wieder verbrauchen. Sind die Muskeln aber noch gut mit Glykogen versorgt, weil wir im Alltag mehr sitzen als uns bewegen, nehmen die Muskelzellen trotz ausreichend Insulin als Türöffner keine Glukose mehr aus dem Blut auf.

Allerdings verweigern die Muskeln nicht schon bei der ersten kohlenhydratreichen Mahlzeit ohne körperliche Tätigkeit die Glukoseaufnahme. Doch wenn wir über Jahre zu viel Kohlenhydrate essen, entwickelt sich eine Insulinresistenz. Diese Insulinresistenz der Muskeln führt zu einem höheren Blutzuckerspiegel bei gleichbleibender Energie- und Kohlenhydratzufuhr.

Die Leber als das zentrale Stoffwechselorgan kann den Blutzuckerspiegel senken. Aber sie kann die Einlagerung von Zucker in ihren Zellen nicht beliebig erhöhen. Deshalb filtert sie Glukose aus dem Blut und wandelt es in Fettsäuren um. Diese werden dann als Fett in den Leberzellen eingelagert. Auch das geht nicht unbegrenzt. Von einer Fettleber spricht man, wenn die Leber mehr als fünf Prozent Fett aufweist. Durch die Verfettung ist sie in ihren Funktionen geschwächt.

Aber es gibt eine gute Nachricht: In den Anfangsstadien können Sie etwas gegen die Fettleber tun. Durch viel Bewegung und kohlenhydratreduzierte Ernährung kann Ihre Leber das eingelagerte Fett wieder in Glukose umwandeln und in die Blutbahn abgeben.

Aktiv gegen Diabetes und Fettleber

Aus Expertensicht gibt es fünf Stellschrauben, an denen Sie drehen können:

Mehr Bewegung und Sport: Versuchen Sie, sich im Alltag mehr zu bewegen, und treiben Sie zusätzlich mindestens zweimal die Woche Sport. Es muss nicht Basketball, Fußball oder Bodenturnen wie in Ihrer Jugend sein. Wenn Sie am Wochenende 5 bis 10 km wandern, in der Woche tanzen, Nordic Walking machen oder ins Fitnessstudio gehen, wird Ihr Langzeitblutzuckerwert sinken. Die rechten Spalten der Tabelle (Seite 11) zeigen Ihnen, wie Ihr Energiebedarf ansteigt und Sie dadurch mehr Kohlenhydrate verbrennen.

Gewicht verlieren: 5 bis 10 kg weniger auf den Rippen und Ihr Blutzuckerspiegel hat sich deutlich verbessert. Setzen Sie 500 kcal pro Tag weniger als in der Tabelle (Seite 11) an. Wenn Sie weder in Ihrem Job noch bei Ihren Freizeitaktivitäten ins Schwitzen kommen,

RICHTWERTE FÜR DIE KALORIENZUFUHR (KCAL) PRO TAG

Alter	ausschließlich sitzende Tätigkeit mit wenig oder keiner anstrengenden Freizeitaktivität		überwiegend sitzende, aber teilweise auch gehende/stehende Tätigkeit; wenig anstrengende Freizeitaktivität		überwiegend gehende/stehende Tätigkeit (Handwerker, Kellner); anstrengende Freizeitaktivität	
	männlich	weiblich	männlich	weiblich	männlich	weiblich
19 – 25 Jahre	2400	1900	2800	2200	3100	2500
25 – 51 Jahre	2300	1800	2700	2100	3000	2400
51 – 65 Jahre	2200	1700	2500	2000	2800	2200
65 Jahre und älter	2100	1700	2500	1900	2800	2100

Daten basieren auf der Deutschen Gesellschaft für Ernährung e. V.

seien Sie ehrlich zu sich selbst und ordnen Sie sich in der linken Spalte ein. Bei hoher Motivation werden Sie 0,5 kg pro Woche abnehmen. Das ist ein gutes Ergebnis. Und nicht gleich aufgeben, wenn das Abnehmen nicht klappt. Dranbleiben, jeder Körper reagiert anders.

Kohlenhydrate sehr bewusst essen: Achten Sie auf einen Zuckerkonsum von unter 50 g. Aber halten Sie auch die komplexen Kohlenhydrate in Form von Brot, Nudeln und Reis in überschaubaren Portionen. Gegen den Hunger zwischendurch essen Sie am besten einen Naturjoghurt.

Essstruktur aufbauen: Morgens, mittags und abends zu essen, schafft eine Struktur. Der Körper bekommt gleichmäßig über den Tag verteilt Energie. Dadurch ist der Abfall des Blutzuckerspiegels unwahrscheinlich. Heißhunger und Süßhunger nehmen ab.

▲ Richtwerte für die Kalorienzufuhr pro Tag

Ausreichend trinken: Bitte verwechseln Sie Hunger und Durst nicht. Ihr Durstlöscher Nr. 1 sollte Wasser sein. Die Nieren sollten insbesondere beim Diabetes gut gespült werden, damit die Abbauprodukte des Stoffwechsels den Körper gut verlassen können.

Was sollte ich bei der Ernährung beachten?

Kohlenhydrate aus Gemüse, Hülsenfrüchten und Vollkornprodukten haben einen flachen Blutzuckerspiegelverlauf. Auch Eiweiß und Fett dürfen nicht fehlen. Und sogar Süßes ist in moderaten Mengen erlaubt.

Der menschliche Körper benötigt zum Leben Energie. Über die Lebensmittel führen wir unserem Körper unterschiedliche Nährstoffe zu, die für unsere Zellen wichtig sind. Die mengenmäßig bedeutenden Nährstoffe sind die Kohlenhydrate. Sie sind die wichtigste Energiequelle und somit der beste Treibstoff für unseren Körper. Da das Essen von kohlenhydrathaltigen Lebensmitteln eine unmittelbare Auswirkung auf den Blutzuckerspiegel hat, ist es wichtig, dass Sie über Kohlenhydrate Bescheid wissen.

Einfache und komplexe Kohlenhydrate

Die Kohlenhydrate lassen sich anhand ihrer Größe unterscheiden. Traubenzucker (Glukose) und Fruchtzucker (Fruktose) sind Einfachzucker und bestehen aus einer Zuckereinheit. Haushaltszucker ist ein Zweifachzucker, er besteht aus zwei Zuckereinheiten. Alle drei bewirken einen schnellen Anstieg des Blutzuckerspiegels und sollten daher nur in geringen Mengen (weniger als 25 g Haushaltszucker und zwei Stück Obst am Tag) konsumiert werden.

Ein Mehrfachzucker besteht aus einer nicht mehr einfach zählbaren Menge an Einfachzuckern, dazu zählt die Stärke. Dieser sowie komplexe Kohlenhydrate benötigen mehr Zeit, um verdaut und damit aufgenommen zu werden. Sie lassen somit den Blutzuckerspiegel langsamer ansteigen als die einfachen Kohlenhydrate. Noch besser sind komplexe Kohlenhydrate kombiniert mit Ballaststoffen wie in Vollkorngetreideprodukten, zum Beispiel in Vollkornbrot, -nudeln und -reis, sowie in Kartoffeln und Hülsenfrüchten.

Milch, Buttermilch, Joghurt und Skyr enthalten auch Kohlenhydrate. Dabei handelt es sich um Milchzucker (Laktose), einen Zweifachzucker, der aber nur sehr langsam in die Blutbahn gelangt. Für eine gesunde Darmflora scheint die Laktose einen wichtigen Beitrag zu leisten. Unsere Darmbakterien brauchen ebenfalls Laktose. Beim Verzehr teilen wir sie mit ihnen, was für uns den Vorteil hat, dass der Blutzuckerspiegelanstieg nach einem Glas Milch geringer ausfällt.

Wie viele Kohlenhydrate brauche ich?

45 bis 50 Prozent der Energiezufuhr am Tag sollte aus Kohlenhydraten bestehen, empfehlen die Deutsche Gesellschaft für Ernährung und die Deutsche Gesellschaft für Diabetes. Für Frauen sind das über 240 g Kohlenhydrate, um den Energiebedarf von 2 000 Kalorien pro Tag zu decken. Männer brauchen mindestens 300 g Kohlenhydrate pro Tag, um ihren Energiebedarf von 2 500 Kalorien zu decken. Bewegt man sich wenig, kommt es schnell zu einem Überschuss an Kohlenhydraten. Das Zuviel dient dem Körper als Energiereserve und wird im Fettgewebe gelagert. Arbeiten Sie den ganzen Tag am Schreibtisch und machen keinen Ausgleichsport, dann sind 25 Prozent Kohlenhydrate, bezogen auf den Gesamtbedarf an Energie pro Tag, und damit

120 g bzw. 150 g Kohlenhydrate die bessere Menge.

Was bedeuten BE oder KHE?

Der Kohlenhydratanteil eines Lebensmittels kann in Broteinheiten (BE) oder Kohlenhydrateinheiten (KHE) angegeben werden. Heute ist die Kohlenhydrateinheit (KHE) geläufig, und daher finden Sie diese Einheit bei den Nährwerten meiner Rezepte.

1 BE (Broteinheit) = 12 g Kohlenhydrate

1 KHE (Kohlenhydrateinheit) = 10 g Kohlenhydrate

Die Kohlenhydrat- oder Broteinheit gilt für alle Lebensmittel, in denen Kohlenhydrate in so großer Menge enthalten sind, dass sie den Bedarf an Insulin beeinflussen. Im Internet gibt es kostenfreie Kohlenhydrat- und Broteinheit-Tabellen, Links finden Sie in meinen Empfehlungen (Seite 126).

Mein bunter Teller

Wählen Sie Lebensmittel so bunt wie ein Regenbogen und Sie werden sich leistungsfähig, fit und viel gesünder fühlen. Mein bunter Teller zeigt Ihnen, was und wie viel Sie essen sollten.

Gemüse: Die größte Fläche nimmt das Gemüse ein. Je mehr Gemüse – und je größer die Abwechslung –, desto besser. Gemüse hat mit Ausnahme von Avocado und Olive sehr wenige Kohlenhydrate, Fett und Eiweiß und somit Energie. Dafür enthält es sehr viele Vitamine, Mineralstoffe, Spurenelemente und sekundäre Pflanzenstoffe.

Obst: Die Obstmenge ist nicht groß, sondern klein. Obst hat im Gegensatz zu Gemüse viel Zucker, doch im Vergleich zu Süßigkeiten hält sich

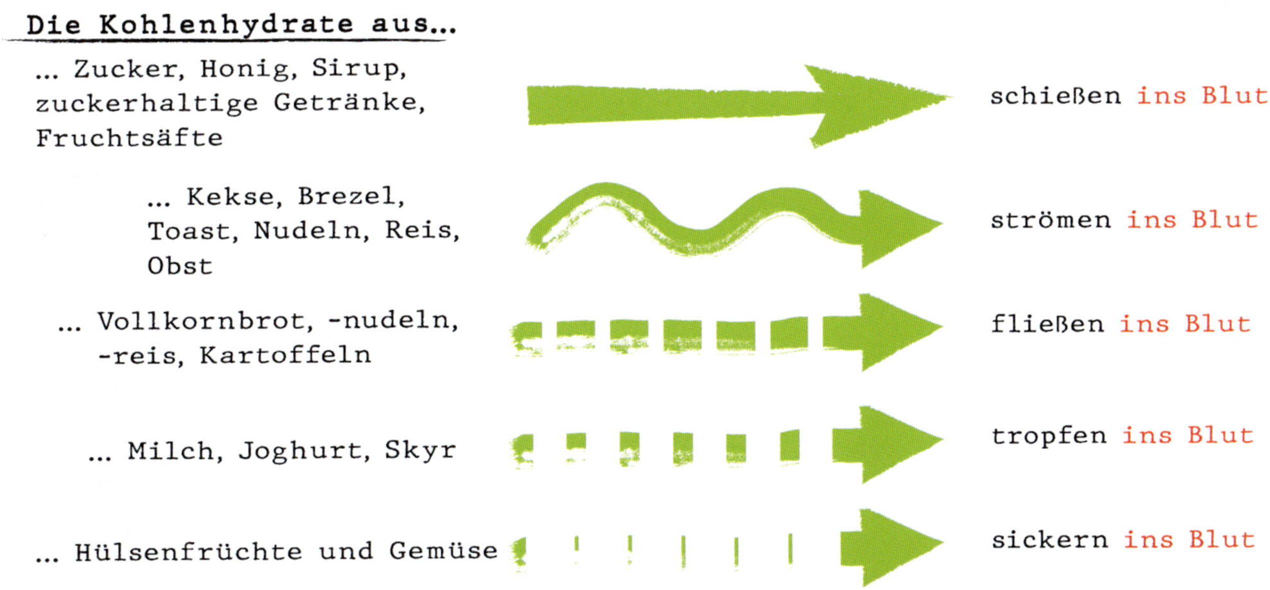

Die Kohlenhydrate aus verschiedenen Lebensmitteln gelangen unterschiedlich schnell ins Blut.

der Zucker im Rahmen. Sie sollten zwei Portionen Obst am Tag essen. Wenn Sie abends noch Gelüste nach einem Apfel haben, ist das kein Problem, auch wenn es dann die dritte Portion des Tages sein sollte.

Getreideprodukte: Die Gruppe der Getreideprodukte und Kartoffeln macht ein Viertel des Tellers aus, dabei handelt es sich ausschließlich um Vollkornprodukte. Vollkornprodukte sind nicht kalorienärmer als Weißmehlprodukte oder geschälter Reis, doch sättigen sie besser und haben weitere Vorteile: Die darin enthaltenen Ballaststoffe sorgen für einen langsameren Anstieg des Blutzuckerspiegels. Ballaststoffe wirken im Dünndarm wie ein Netz, das den Strom der Kohlenhydrate aus dem Dünndarm in die Blutbahn verlangsamt. Außerdem liegen B-Vitamine und Mineralstoffe direkt in den Schalenanteilen der Getreidekörner und weniger im Mehlkörper. Natürlich dürfen Sie auch mal ein französisches Baguette oder ein weißes Brötchen genießen sowie weißen Reis zum Asia-Gericht essen. Eine gute Mischung mit Schwerpunkt Vollkorn wäre optimal. Auch Kartoffeln gehören in diese Gruppe. Aus meiner Sicht sind Pellkartoffeln, Salzkartoffeln oder Kartoffeln in Gerichten keine Dickmacher. Erst wenn sie mit Frittierfett in Berührung kommen, kann es kritisch werden.

Eiweiß: Aus der Eiweißgruppe wählen Sie bitte nicht nur Fisch, mageres Fleisch, Milchprodukte, Eier und Käse, sondern auch Hülsenfrüchte. Hülsenfrüchte wie Bohnen, Erbsen und Linsen enthalten zwar Kohlenhydrate, sind aber die wichtigsten pflanzlichen Eiweißquellen. Genau aus diesem Grund finden sie sich wie auch die Nüsse im Eiweißfeld des Tellers. Nüsse enthalten neben sehr viel Fett auch Eiweiß. Den Tageskonsum von Nüssen sollten Sie auf 20 bis 30 g begrenzen. Wiegen Sie das unbedingt mal aus, damit Sie eine bessere Vorstellung von der Menge haben.

Olivenöl: Nicht auf dem Teller, aber daneben finden Sie Olivenöl. In diesem Buch habe ich es ausschließlich verwendet. Rapsöl wird manchmal als das Olivenöl des Nordens bezeichnet, weil dieses heimische Öl einen ähnlichen gesundheitlichen Effekt wie das Olivenöl hat. Ohne pflanzliche Öle leben wir nicht gesund, denn sie enthalten essenzielle Fettsäuren, das heißt Fettsäuren, die unser Körper nicht selbst herstellen kann.

Getränke: Als Getränk finden Sie das Wasser. Mindestens 1,5 l Wasser sollten es täglich sein. Auch Kaffee und Tee in Maßen sind in Ordnung. Steigern Sie Ihre Trinkmenge möglichst auf mehr als 2 l am Tag.

Süßigkeiten: Haben Sie die Süßigkeiten vermisst? Sie sind nicht verboten. Deshalb finden Sie auch einige wenige Rezepte für Desserts und Kuchen in meinem Buch. Unser Körper benötig keine Süßigkeiten, doch ab und zu ein Seelentröster in Form von Schokolade oder Gummibärchen ist erlaubt.

Was ist mit Eiweiß?

Eiweiß wird nahezu insulinunabhängig verstoffwechselt. Das heißt aber nicht unbegrenzter Genuss! Eiweiß (Proteine) sind wichtige Baustoffe in unseren Körperzellen und werden in zweiter Linie auch als Energiequelle genutzt. Da Eiweiße vom Körper nicht gespeichert werden können, müssen sie täglich zugeführt werden. Die empfohlene Eiweißmenge von 0,8 g Eiweiß pro Kilogramm Körpergewicht pro Tag überschreiten wir täglich. Ein 80 kg schwerer Mensch nimmt spielend mehr als täglich 64 g Protein über das Essen auf. Die wichtigsten Eiweißquellen sind Milch, Käse, Eier, Fleisch, Fisch und Hülsenfrüchte wie Erbsen, Linsen und Bohnen. Mit 180 g Schweinefilet, 40 g Gouda, 1 Eis am Stiel

» Mein bunter Teller zeigt Ihnen, wie viel Sie von welchen Lebensmitteln essen sollten.

Guten
Appetit
Kohlenhydrate
Fett
ÖL
Eiweiss

sowie 1 Becher Joghurt ist das Ziel schon erreicht bzw. überschritten.

Ein eiweißreicheres und kohlenhydratärmeres Essen kann bei einem Menschen mit Diabetes erwiesenermaßen den Blutdruck senken, die Insulinsensitivität erhöhen, die Blutfettwerte verbessern und zu einer Gewichtsreduktion führen. Wir essen vermutlich alle mehr Eiweiß als empfohlen, und in dem Rahmen, in dem es passiert, ist das auch nicht gesundheitsschädlich.

Solange Sie nierengesund sind (d. h. Ihre glomeruläre Filtrationsrate nicht unter 60 ml/min liegt), ist eine eiweißreichere Ernährung in Kombination mit einer Reduktion der Kohlenhydrate zu empfehlen. Damit Ihre Blutfett-, Cholesterin- und Harnsäurewerte im Normbereich liegen, sollten Sie nicht nur die tierischen Eiweißquellen steigern, sondern vor allem mehr pflanzliches Eiweiß essen.

Meine Tipps für ein Mehr an Eiweiß

Die tägliche Eiweißmenge lässt sich leicht steigern. Meine Tipps helfen Ihnen dabei.

- Essen Sie zu jeder Mahlzeit Eiweiß. Achten Sie dabei auf die Qualität der Lebensmittel.
- Probieren Sie mal Eiweißbrot: Eine Scheibe von 50 g hat zwischen 6 und 15 g Eiweiß. Im Vergleich dazu liegt der Eiweißgehalt bei der gleichen Menge Vollkornbrot bei 3 bis 6 g. Das Eiweißbrot ist kohlenhydratärmer. Sie müssen also nur noch ein leckeres Eiweißbrot finden.
- Essen Sie statt eines Brötchens mit Marmelade zur Tasse Kaffee lieber ein Schälchen Magerquark mit Früchten oder 1 TL eingerührter Marmelade.
- Essen Sie weniger Nudelgerichte mit Saucen, dafür Kartoffeln mit Dips auf Quark- und Käsebasis.
- Gönnen Sie sich 3-mal die Woche hochwertiges Muskelfleisch, zum Beispiel Hähnchenbrust, Putenschnitzel, Steak oder Schweinefilet anstelle von Bratwurst, Wienerle und Fleischkäse.
- Möchten Sie vegetarisch leben, können Sie ohne Sorgen, in ein Eiweißdefizit zu kommen, und fleischlos Ihr Essen genießen. Ersetzen Sie das Fleisch durch Erbsen, Bohnen und Linsen sowie Sojaprodukte, zum Beispiel Tofu.
- Genießen Sie Fisch und auch Meeresfrüchte. Beides sind sehr gute Eiweißquellen. Solange nichts paniert und frittiert wird, handelt es sich dabei um puren Eiweißgenuss.
- Legen Sie ein bis zwei vegetarische Tage in der Woche ein. Die Rezepte in diesem Buch können Ihnen dabei helfen.
- Der Ruf von Eiern als »Cholesterinbombe« hat den Gesundheitswert des Eies ruiniert. Doch ein gekochtes Ei im bunten Salat oder am Wochenende ein Rührei oder Spiegelei mit Eiweißbrot statt Müsli sind bessere Mahlzeiten als Brötchen und Mischbrot mit Marmelade oder Honig.
- Nehmen Sie jeden Tag Käse, Milch und Milchprodukte in irgendeiner zuckerfreien Form zu sich.
- Hülsenfrüchte wie Erbsen, Linsen und Bohnen sind bei vielen in Vergessenheit geraten. Graben Sie mal nach alten Familienrezepten wie Linsen- oder Erbsensuppe oder probieren Sie die Rezepte mit Hülsenfrüchten in diesem Buch aus.

Mit gesundem Öl läuft der Stoffwechsel rund

Auch wenn 1 g Fett mehr als 9 Kilokalorien liefert und damit mehr als doppelt so viel wie 1 g Kohlenhydrate oder Eiweiß, macht es keinen Sinn, sich fettfrei zu ernähren. Fette sind an verschiedenen Stoffwechselfunktionen im Körper beteiligt, liefern lebenswichtige Fettsäuren und sind wichtig für den reibungslosen Transport der fettlöslichen Vitamine A, D, E und K.

Immer wenn wir Öl an den Salat geben, Butter aufs Brot schmieren oder ein Stück Schokolade essen, nimmt unser Körper eine Mischung verschiedener Fettsäuren auf. Wir brauchen sie alle: gesättigte und einfach oder mehrfach ungesättigte Fettsäuren. Wählen Sie auf jeden Fall Nahrungsfette in guter Qualität. Beim Diabetes gilt es, besonders den ungesättigten Fettsäuren gegenüber den gesättigten den Vorzug zu geben. Sowohl einfach ungesättigte Fettsäuren wie in Olivenöl als auch Omega-3-Fettsäuren in Leinöl, Rapsöl, Hanf- und Walnussöl schützen Sie besser vor Herz-Kreislauf-Erkrankungen sowie Durchblutungsstörungen der Füße, des Augenhintergrunds, des Gehirns und der Nieren.

Neben den genannten pflanzlichen Ölen finden Sie ungesättigte Fettsäuren außerdem in fettreichem Fisch wie Lachs, Hering oder Makrele sowie in Nüssen, Kernen, Oliven und Avocados.

Aufgepasst: Transfettsäuren!

Einige Lebensmittel enthalten ungesunde Fettsäuren, so genannte Transfettsäuren. Sie stammen aus der industriellen Fettverarbeitung: Um Öle oder weiche Fette zu verfestigen, werden sie chemisch gehärtet. Dabei entstehen Transfettsäuren. Sie gelten als problematisch, weil sie vom Körper schlechter verstoffwechselt werden können. Dadurch beeinflussen sie den Fettstoffwechsel negativ, fördern Entzündungen und stören die Funktion der Zellmembranen. Meiden Sie deshalb frittierte Speisen, Gebäck, Fast Food und Fertigprodukte. Schauen Sie auf die Zutatenliste. Finden Sie dort teilgehärtete oder gehärtete Fette, handelt es sich um Transfettsäuren. Ihrer Gesundheit zuliebe sollten Sie das Lebensmittel dann nicht kaufen.

Die 9 magischen Gesundmacher

Das Angebot im Supermarkt ist so groß, dass man oft gar nicht weiß, was man kaufen soll, und vor allem, was bei einer gesunden Ernährung nicht fehlen sollte. Deshalb habe ich Ihnen hier die 9 gesündesten Lebensmittel bei Diabetes übersichtlich zusammengestellt.

Grünes Gemüse und Mangold, Spinat, Wirsing sowie Feldsalat haben eine hohe Konzentration Betacarotin, Vitamin C und Polyphenole, außerdem sind sie reich an Magnesium. Neuesten wissenschaftlichen Erkenntnissen zufolge erkranken Menschen, die sich magnesiumarm ernähren, viel häufiger an Diabetes. Die Bauchspeicheldrüse kann dann nur eingeschränkt arbeiten. Eine Insulinresistenz kann sich bei zu wenig Magnesium verstärken.

Beeren haben gegenüber anderen Obstsorten nur wenig Fruchtzucker. Das heißt, sie sind arm an Kohlenhydraten und so für Menschen mit Diabetes optimal geeignet. Außerdem sind sie reich an Anthocyanen, die sich in der roten, blauen und schwarzen Farbe zeigen. Studien belegen, dass Anthocyane die Blut-Hirn-Schranke mühelos überwinden und den Nervenzellen im Gehirn helfen, sich leichter zu vernetzen. Das wirkt sich positiv auf das Denkvermögen aus, verbessert die Reaktionszeit und optimiert das Koordinationsvermögen.

Linsen waren früher ein Armeleuteessen, heute sind sie eine Geheimwaffe gegen Diabetes. Aufgrund des hohen Ballaststoffanteils gehen die Kohlenhydrate nur sehr langsam ins Blut über und dank des hohen Eiweißgehalts steigt der Blutzuckerspiegel kaum an. Ob braun, grün, orange oder gelb – sie sind nicht nur gute Eiweiß- und Ballaststofflieferanten, sondern auch reich an B-Vitaminen, Kalium, Kalzium, Magnesium und Zink.

Hafer ist das mit Abstand gesündeste Getreide. Haferflocken haben dank ihrer speziellen Ballaststoffzusammensetzung und ihres hohen Gehalts an ß-Glukan eine ausgezeichnete blutzuckerregulierende und cholesterinsenkende Wirkung. Sie sind reich an den Vitaminen B_1, B_6 und Biotin sowie an Eisen, Magnesium und Silicium. Die Haferkur (Seite 21) ist schon vor mehr als 100 Jahren zur Behandlung des Diabetes entwickelt worden.

Leinsamen, egal ob ganz, geschrotet oder als Öl, sind reich an der essenziellen Omega-3-Fettsäure Alpha-Linolensäure, die unser Körper nicht selbst herstellen kann. Er benötigt sie aber für den Eiweiß- und Energiestoffwechsel sowie für die Produktion von Hormonen. Außerdem enthalten Leinsamen viele Ballaststoffe, Magnesium, Eisen und Zink sowie die Vitamine B_1, B_6 und E. Dieser Mix schützt Herz, Hirn und Augen und stärkt das Immunsystem.

Walnüsse haben es in sich: Bei ihnen ist das Verhältnis der herzgesunden Omega-3-Fettsäure Alpha-Linolensäure zur Alpha-Linolsäure, einer Omega-6-Fettsäure, ideal. Walnüsse senken nicht nur den Blutzuckerspiegel, sondern auch das »schlechte« LDL-Cholesterin und den Blutdruck. Täglich eine kleine Menge von 20 bis 30 g Walnüssen ist ideal. Große Mengen dagegen sind kontraproduktiv.

Olivenöl enthält reichlich Polyphenole, die dazu beitragen, unseren Körper vor oxidativem Stress zu bewahren. Das flüssige Gold schützt uns wie kein anderes Lebensmittel vor Diabetes und Herz-Kreislauf-Erkrankungen. Unsere Blutgefäße bleiben länger jung und fit.

Lachs ist vor allem reich an Eicosapentaensäure (EPA) und Docosahexaensäure (DHA). Diese beiden Omega-3-Fettsäuren haben einen positiven Einfluss auf unseren Blutzuckerspiegel, senken die ungünstigen Blutfette und heben günstige Fettsäuren an. Dadurch wirkt der regelmäßige Verzehr von Lachs gegen zu hohen Blutdruck, verbessert die Fließeigenschaften des Blutes und senkt so das Risiko für Herzinfarkt und Schlaganfall.

Tomaten enthalten vor allem eins: viel Lykopin. Als Antioxidans und Radikalfänger schützt dieser sekundäre Pflanzenstoff die Elastizität der Blutgefäße und verringert so das Risiko für Herzinfarkt und Schlaganfall, mögliche Folgeerkrankungen des Diabetes mellitus.

Die süßen Alternativen

»Als Diabetiker darf man keinen Zucker essen« – diesen Satz höre ich in der Ernährungsberatung sehr oft. Dabei müssen Diabetiker nicht auf Zucker verzichten, solange sie den Kaloriengehalt im Blick behalten und somit den Zucker maßvoll genießen. Die Obergrenze sind – das gilt für die gesamte Bevölkerung – 50 g Zucker am Tag, inklusive des versteckten Zuckers in Obst und Keksen.

Diese Empfehlung hat die Weltgesundheitsorganisation (WHO) mit dem Ziel herausgegeben, den westlichen Industrieländern einen Anhaltspunkt gegen ihren zu hohen Zuckerkonsum zu geben. Mit den empfohlenen zwei Stück Obst am Tag werden etwa 25 g Zucker abgedeckt. Die andere Hälfte bleibt zum Beispiel für süßen Brotaufstrich, Kekse oder Schokolade. Vielleicht hört sich in Ihren Ohren 50 g Zucker am Tag viel an. Das ist es aber für die meisten Menschen nicht, sondern bedeutet eine Einschränkung des Softgetränke-, Saft- oder auch Süßigkeitenkonsums, manchmal auch des hohen Obstkonsums.

Auch wenn Zucker für Diabetiker nicht tabu ist, sollten Sie ihn also nur maßvoll konsumieren. Beliebte Zuckeralternative sind Süßstoffe, diese »kleinen weißen Tabletten«.

DIE 9 MAGISCHEN GESUNDMACHER

GRÜNES GEMÜSE

HIMBEEREN

LINSEN

HAFERFLOCKEN

LEINSAMEN

WALNÜSSE

OLIVENÖL

LACHS

TOMATEN

Zuckeraustauschstoffe und weitere Süßungsmittel stehen ebenfalls als Alternativen zur Auswahl.

Sind Süßstoffe sinnvoll?

Getränke wie Kaffee oder Tee sollten Sie möglichst gar nicht süßen oder darüber nachdenken, sie mit Süßstoff statt mit Zucker zu süßen. Süßstoffe liefern so gut wie keine Kalorien und beeinflussen den Blutzuckerspiegel bei niedrigen Konsummengen nicht oder weniger als Zucker bei gleicher Süße.

»Süßstoff« bzw. »Süßungsmittel« sind Sammelbegriffe für synthetische und natürliche Verbindungen, deren Süßkraft bis zu 500-mal so groß wie die von Zucker ist. Alle Süßstoffe sind Zusatzstoffe, die im Gegensatz zu Zucker keinen Energiewert haben. Sie werden vom Körper so gut wie unverändert wieder ausgeschieden. EU-weit sind elf Süßstoffe als Zusatzstoffe zugelassen: Acesulfam K (E 950), Aspartam (E 951), Cyclamat (E 952), Saccharin (E 954), Sucralose (E 955), Thaumatin (E 957), Neohesperidin DC (E 959), Steviolglycoside (E 960), Neotam (E 961), Acesulfam-Aspartamsalz (E 962) und Advantam (E 969). Seit neuestem empfiehlt die WHO, generell auf Süßstoffe zu verzichten, da die Studienlage zum Gesundheitsstatus dieser Stoffe unübersichtlich ist.

Haben Süßstoffe einen negativen Einfluss auf das Körpergewicht?

Diese Frage wird kontrovers diskutiert. Aus Tierexperimenten gibt es Hinweise, dass Süßstoffe Gewichtsprobleme fördern und auch einen Einfluss auf den Blutzuckerspiegel haben. Forschende vermuten unter anderem, dass »falsche« Signale an das Gehirn geschickt werden, das daraufhin die Nahrungsaufnahme steigert. Immer wieder werden Studien publiziert, die vor den Risiken von Süßstoffen warnen. Bislang gibt es keinen wissenschaftlich überzeugenden Beleg dafür, dass Süßstoffe in haushaltsüblichen Mengen schädlich sein können. Deshalb sieht das Bundesinstitut für Risikobewertung (BfR) keinen Grund, vor Süßstoffen zu warnen.

Zur Sicherheit unserer Gesundheit wird von der europäischen Behörde EFSA (European Food Safety Authority) ein ADI-Wert für jeden Zusatzstoff festgelegt. Die Abkürzung ADI steht für »Acceptable Daily Intake« und gibt die tolerierbare Tagesdosis eines Stoffes an, die ein Mensch ein Leben lang täglich ohne negative Auswirkungen auf die Gesundheit aufnehmen kann. Da Süßstoffe eine sehr starke Süßkraft haben, bleiben wir bei normalem Konsum unter diesen AID-Wert.

Diabetikerzucker – Nein, danke!

Unter dem umgangssprachlichen Begriff »Diabetikerzucker« werden selten, aber immer mal wieder Zuckeraustauschstoffe und Fruchtzucker (Fruktose) zusammengefasst. Das Besondere an diesen Stoffen ist, dass sie insulinunabhängig verstoffwechselt werden und deshalb in gewissen Grenzen für Diabetiker verträglich sind. Bis auf Fruktose haben sie um die Hälfte weniger Kalorien als Zucker. Mittlerweile sind acht Zuckeraustauschstoffe als Zusatzstoffe zugelassen: Sorbit (E 420), Mannit (E 421), Isomalt (E 953), Polyglycitolsirup (E 964), Maltit (E 965), Lactit (E 966), Xylit (E 967) und Erythrit (E 968).

Erythrit stellt bezüglich der Kalorien eine Ausnahme bei den Zuckeraustauschstoffen dar, weil es wie die Süßstoffe kalorienfrei ist. Viele Zuckeraustauschstoffe finden Sie auf Verpackungen auch mit der Endung -ol. Das ist nichts anderes, sondern nur ein anderer Name für die Zuckeraustauschstoffe, die auch Zuckeralkohole sind. Sie haben aber nicht die Wirkung von Alkohol.

Fruchtzucker werden Sie in dieser Aufzählung nicht finden. Es ist ein natürlicher Zucker, der isoliert in Obst vorkommt und im Haushaltszucker an die Glukose gebunden ist (Seite 12).

HAFERTAGE

Hafertage reduzieren Ihr Körpergewicht und haben einen positiven Effekt auf Ihre Gesundheit. Wenn Sie fast nur Haferflocken essen, reduziert sich Ihr Heißhunger deutlich und Ihr Blutzucker sinkt.

WIE VIEL DARF ICH ESSEN?

Essen Sie dreimal am Tag eine Portion Haferflocken.
Die Menge richtet sich nach Ihrer Körpergröße:
Körpergröße in cm minus 100 cm = x g Haferflocken
Beispiel: 170 cm groß = 70 g Haferflocken pro Mahlzeit

WIE WERDEN DIE HAFERFLOCKEN ZUBEREITET?

Haferflocken mit 300 – 500 ml Wasser oder Brühe kurz aufkochen und etwa 5 Min. im geschlossenen Topf quellen lassen. Je nach Geschmack mit Kräutern, Zwiebeln, Gemüse oder Beeren verfeinern. Alternativ können Sie die Haferflocken auch für einige Stunden oder über Nacht in kaltem Wasser quellen lassen.

WAS SORGT FÜR ABWECHSLUNG?

Für verschiedene Geschmacksrichtungen sind folgende Zusätze pro Tag erlaubt:

- 50 g Erdbeeren, Blaubeeren, Himbeeren oder anderes Obst
- 100 g fein geschnittenes Gemüse mit den Haferflocken gekocht (keine Hülsenfrüchte, Mais)
- Kräuter und Gewürze
- etwas Süßstoff
- 1 Prise Salz
- ganz wichtig: mind. 2 Liter Wasser oder Kräutertee trinken

Zucker durch Fruchtzucker ersetzen – eine gute Idee?

Haushaltszucker besteht zur Hälfte aus Glukose und zur Hälfte aus Fruktose (Fruchtzucker). Reiner Fruchtzucker besteht zu 100 Prozent aus diesem Einfachzucker. Glukose ist der Zucker, der von unseren Gehirn- und Muskelzellen weiterverarbeitet und deswegen Tag und Nacht gebraucht wird. Fruchtzucker muss in der Leber erst mühsam umgewandelt werden. Kommt zu viel Fruchtzucker in der Leber an, können Fettsäuren als Zwischenstufen entstehen, die bei einem Überangebot in der Leber abgelagert werden. Deswegen ist Fruchtzucker problematischer als Zucker und führt eher zu gesundheitlichen Schäden, wie zum Beispiel zu einer Fettleber (Seite 10).

Alternativen zum Zucker?

Ich bin der Meinung, dass beide Vorteile haben, auch wenn sie genauso viele Kalorien haben wie Zucker. Sie lassen auch – genau wie Zucker – Ihren Blutzucker ansteigen. Doch brauner Zucker, Honig und auch die verschiedenen Dicksäfte kosten deutlich mehr als klassischer weißer Haushaltszucker. Honig und Dicksäfte sind keine Massenprodukte und daher ist es für unsere Psyche einfacher, ihnen mit hoher Wertschätzung zu begegnen.

Da Zucker erst in großer Menge zu einem Gesundheitsrisiko wird, ist moderates Süßen notwendig für ein gutes Blutzuckerprofil. Für meine süßen Rezepte habe ich daher braunen Zucker, Honig oder Dicksäfte gewählt. Der höhere Preis führt zumindest bei mir zu einer größeren Wertschätzung und damit hoffentlich zu einem geringeren Konsum. Falls Sie mir bei diesem Gedanken nicht folgen können, dürfen Sie auch weiterhin Haushaltzucker oder Süßungsmittel wie Erythrit verwenden.

Honig enthält homöopathische Mengen von Mineralstoffen und Spurenelementen, Blütenpollen und Enzymen. Manche Menschen bevorzugen Honig wegen seines einmaligen Geschmacks, wenn es ums Süßen geht.

Gute Planung hilft!

Jeder Mensch ist anders. Der eine hat kein Problem damit, sich freitags die Mahlzeiten für die folgende Woche zu überlegen und damit einen genauen Essensplan für die nächste Woche zu haben. Andere hassen es zu planen, zögern gern das Frühstück hinaus oder versuchen, viele Mahlzeiten auszulassen, und essen somit relativ spät am Tag. Kein Problem, jeder hat andere Gewohnheiten.

Doch wenn Ihr Blutzuckerspiegel außer Kontrolle geraten ist, Sie vielleicht auch mehr wiegen, als Ihnen lieb ist, dann ist es Zeit für eine Veränderung. Mehr Achtsamkeit ist gefragt, Sie sollten Mahlzeiten planen und dazu gehört auch das Einkaufen. Ob Sie einen Wocheneinkauf machen oder mehrmals die Woche einkaufen gehen, liegt bei Ihnen. Ihre Mahlzeiten sollten Sie möglichst gut über den Tag verteilen. Ob Sie morgens um 7 Uhr oder erst um 9.30 Uhr frühstücken, richtet sich nach Ihrer Gewohnheit und Ihrem Tagesablauf. Am besten ist es, wenn Sie die Hauptmahlzeit in einem Abstand von vier Stunden einnehmen. Zwischenmahlzeiten sind kein Muss und sollten daher gut überlegt sein. Die Energiemenge sollte klein sein. Eine Handvoll Himbeeren mit einem Becher Naturjoghurt ist ein Beispiel für eine gut überlegte Zwischenmahlzeit.

Drei oder fünf Mahlzeiten?

Drei Hauptmahlzeiten und ein oder zwei kalorienarme Snacks aus natürlichen Lebensmitteln sind optimal für die Ernährung bei Diabetes. Komplexe Kohlenhydrate zum Frühstück und ein gemüsereiches Mittag- sowie Abendessen sorgen für einen konstanten Blutzuckerspiegel.

Frühstück

Am Morgen ist es besonders wichtig, die Flüssigkeits- sowie die Energiespeicher wieder aufzufüllen. Empfehlenswerte Getränke sind: Wasser, ungesüßter Tee, schwarzer Kaffee oder Kaffee mit wenig Milch. Frühstücksideen finden Sie ab (Seite 28). Aber auch ein bis zwei Scheiben Vollkornbrot oder ein Vollkornbrötchen sowie Eiweißbrot mit Käse (maximal 45 % Fett i. Tr.), Frischkäse, Putenbrustaufschnitt und ein wenig Rohkost sind okay.

Mittagessen

Haben Sie am Morgen keine oder nur sehr wenige Kohlenhydrate aufgenommen, sind jetzt Kartoffeln, Vollkornreis, Vollkornnudeln, Hirse, Buchweizen, Quinoa oder Brot an der Reihe. Gemüse sollte jedoch auf jeden Fall einen Großteil des Mittagsessens ausmachen, denn es füllt den Magen schon bei einer geringen Energiemenge. Schnelle Rezepte mit reichlich Gemüse finden Sie in diesem Buch.

Abendessen

Das Abendessen unterscheidet sich nicht wesentlich vom Mittagessen. Gemüse und sättigende Proteine mit gesunden Fetten bilden auch hier die Basis. Eiweiß- und Vollkornbrot sind abends beliebte Kohlenhydratquellen. Selbstverständlich können Sie auch abends kochen und warm essen.

Nicht ständig snacken!

Ein ständiges Snacken oder auch Grasen, wie das Fachwort heißt, führt zu einer Achterbahnfahrt des Blutzuckerspiegels. Werden dem Körper andauernd Kohlenhydrate zugeführt, fällt und steigt der Blutzuckerspiegel permanent. Das löst unter anderem Heißhunger aus und führt zu einem sehr schlechten Blutzuckerprofil. Häufiges Snacken sollten Sie deshalb vermeiden. Vielen fällt es schwer, mit drei Hauptmahlzeiten durch den Tag zu kommen. Wenn das bei Ihnen auch so ist, sollten Sie ein oder zwei Zwischenmahlzeiten bewusst einplanen.

Gute Snacks:

- 1 Stück Obst mit 150 g Naturjogurt oder Quark
- 20–30 g Nüsse
- 1 hartgekochtes Ei
- 10–20 g dunkle Schokolade (zuckerarm)

Hin und wieder darf es auch mal etwas Süßes sein. Meine Rezepte kommen mit weniger Süße aus, als im alltäglichen Naschkram enthalten ist. Bedenken Sie jedoch, dass »süß« eine Gewöhnungssache ist. Eine Entwöhnung vom Zucker ist möglich.

Einkaufen und Kochen

Gesundes Essen fängt beim Einkaufen an. Auch wenn meine Rezepte aus maximal sechs Zutaten bestehen, ohne Einkaufen geht es nicht. Sie werden jetzt mehr Gemüse einkaufen und weniger Fleisch und Aufschnitt.

Beim Kochen sollten Sie weniger Nudeln, Reis und Kartoffeln pro Mahlzeit einplanen als früher. Wer wenig Zeit zum Kochen hat, der kann für mehrere Tage vorkochen.

Mein Tipp: Ich friere übrig gebliebene Portionen bewusst ein. Dann habe ich etwas, auf das ich bei Zeitnot zurückgreifen kann.

Das bedeuten die Abkürzungen

In meinen Rezepten verwende ich folgende Abkürzungen für die Nährwerte:
kcal = Kilokalorien
E = Eiweiß
F = Fett
KH = Kohlenhydrate
KHE = Kohlenhydrateinheit

DIE BASICS

Eine gute Vorratshaltung erleichtert eine einfachere und schnellere Zubereitung von Mahlzeiten. Damit Sie für die Sechs-Zutaten-Rezepte nicht immer alle sechs Zutaten einkaufen müssen, finden Sie hier ein paar grundlegende Lebensmittel, die Sie für meine Rezepte häufig brauchen.

HALTBARE LEBENSMITTEL

- Olivenöl, Rapsöl, Leinöl
- Honig, Kokosblütenzucker, brauner Zucker
- H-Milch, Kokosmilch
- Walnüsse, Haselnüsse, Mandeln, Cashewkerne
- Vollkornreis, Vollkornnudeln
- Kichererbsen, Linsen, Bohnen (getrocknet oder aus der Dose)
- Tomaten aus der Dose
- gekörnte Brühe
- Süßstofftabletten
- Kaffee, schwarzer und grüner Tee, Kräuter- und Früchtetee

GEWÜRZE UND GEWÜRZMISCHUNGEN

- jodiertes Salz
- schwarzer oder/und weißer Pfeffer
- Paprika
- Curry
- Ras el Hanout
- Garam Masala

AUS DEM KÜHLSCHRANK

- Butter
- Joghurt
- Quark
- Milch
- fettarmer Aufschnitt
- Käse (bis 48% Fett i. Tr.)

FRISCHE LEBENSMITTEL

- Obst der Saison
- Kartoffeln
- Knoblauch, Zwiebeln
- Gemüse der Saison
- Blattsalate
- Küchenkräuter

ÖLE & FETTE

- Butter: schmeckt gut und ist dünn aufs Brot gestrichen völlig okay
- Olivenöl und Rapsöl: benutze ich zu 95 Prozent in meiner Küche, nicht nur zum Kochen, sondern auch zum Backen
- Kokosöl: ungehärtet, nutze ich beim sehr heißen Braten, z.B. eines Steaks
- Leinöl: ist für mich ein Gesundheitselixier. Jedes Jahr kaufe ich nur für mich ½ l Leinöl. Morgens gebe ich 1 TL davon übers Müsli.

Ausstattung Ihrer Küche:
Für das Kochen dieser Rezepte ist keine perfekt ausgestattete Küche nötig. Ein Backofen und zwei Herdplatten sind das Minimum an fester Ausstattung.

WICHTIGE KÜCHENGERÄTE

- scharfe Messer
- Küchenwaage
- hochwertiger Pürierstab bzw. hochwertiger Standmixer
- Gemüsereibe
- Schüsseln
- Töpfe und größere Pfanne
- Schneebesen und Pfannenwender

AUS DEM GEFRIERFACH

- Lachs
- Hähnchenbrust
- grüne Bohnen
- Himbeeren
- Gemüse, das Ihnen gut schmeckt

SÜSSSTOFF STATT KALORIENHALTIGER SÜSSE

Kein Problem! Natürlich können Sie Honig und braunen Zucker gegen Süßstoff austauschen. Bei den Desserts haben Sie die Wahl zwischen Süßstoffen und Erythrit. Auf den Verpackungen finden Sie den Umrechnungsfaktor zu Zucker. Den können Sie nutzen, auch wenn es sich bei meinen Rezepten nie um weißen Zucker handelt. Wichtig: Ist das Kristalline vom Zucker gefragt, zum Beispiel beim Backen, dann sollten Sie den kalorienfreien Zuckeraustauschstoff Erythrit nehmen. Übrigens: Der Süßstoff Aspartam ist nicht hitzebeständig und kann daher zum Backen oder beim Erhitzen von Speisen nicht verwendet werden.

lecker

Die Rezepte

CHIA-HIMBEER-FRÜHSTÜCK

4 EL CHIASAMEN

200 ml HAFERDRINK

125 g HIMBEEREN

2 PASSIONSFRÜCHTE

3 EL MANDELSTIFTE

etwas KARDAMOM

2 PORTIONEN

10 MIN.
+ 15 MIN.
QUELLEN

Chiasamen im Haferdrink einweichen und ca. 15 Min. quellen lassen. • Himbeeren abbrausen und verlesen. • Passionsfrüchte halbieren und den Inhalt mit einem Esslöffel auslösen. • Zusammen mit Himbeeren in den Chia-Haferdrink geben. • Mandelstifte rösten und abkühlen lassen. • Zum Chia-Haferdrink geben und mit Kardamom abschmecken.

Tipp: Statt Haferdrink können Sie auch fettarme Milch verwenden.

Nährwerte pro Portion:
210 kcal • 7 g E • 12 g F • 17 g KH • 2 KHE

PORRIDGE »ORIENTALISCH«

1 Teebeutel CHAI-TEE

8 EL blütenzarte HAFRFLOCKEN

4 ZWETSCHEN

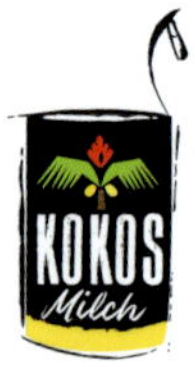

200 ml KOKOSMILCH (DOSE)

1 EL HONIG

etwas ZIMT

AUS DEM VORRAT: SALZ

2 PORTIONEN

15 MIN.

250 ml Wasser in einem Topf zum Kochen bringen. • Chai-Tee darin 3 Min. ziehen lassen. Teebeutel entfernen. • Haferflocken einrühren und einmal aufkochen. • Brei zugedeckt 5 Min. quellen lassen. • 1 Prise Salz hinzufügen. • Zwetschen waschen, entsteinen und in feine Streifen schneiden. • Porridge in zwei tiefe Teller füllen und mit der Kokosmilch umgießen. • Honig einrühren und mit Zimt bestreuen. • Zwetschenstreifen auf dem Porridge verteilen.

Nährwerte pro Portion:
400 kcal • 8 g E • 23 g F • 38 g KH • 4 KHE

OVERNIGHT-OATS MIT MANGO

1 BANANE

1 MANGO

10 EL kernige HAFERFLOCKEN

2 TL CHIASAMEN

300 ml MANDELDRINK

4 EL NATURJOGHURT (1,5 % FETT)

2 PORTIONEN

20 MIN. + 12 STD. QUELLEN

Banane und Mango schälen. Mango vom Kern schneiden. • Fruchtfleisch mit Banane und 4 EL Wasser in einem Mixer so lange mixen, bis eine breiige Konsistenz entsteht. Beiseitestellen. • Haferflocken und Chiasamen vermischen und in zwei Gläser (300 ml) füllen. • Mit Mandeldrink aufgießen. • Erst den Mango-Bananen-Brei, dann das Joghurt dazugeben und die Gläser verschließen. Über Nacht in den Kühlschrank stellen. • Ca. ½ Stunde vor dem Verzehr aus dem Kühlschrank nehmen.

Nährwerte pro Portion:

200 kcal • 4 g E • 4 g F • 33 g KH • 3 KHE

QUINOA-PORRIDGE MIT ORANGEN

300 ml MILCH (1,5 % FETT)

80 g QUINOA

2 entsteinte DATTELN

2 ORANGEN

2 EL gehackte WALNÜSSE

etwas ZIMT

2 PORTIONEN

20 MIN.

Milch zum Kochen bringen. • Quinoa einrühren. • 15 Min. bei reduzierter Hitze köcheln lassen. • Datteln fein würfeln. • Orangen filetieren, dafür Deckel und Boden so abschneiden, dass das Fruchtfleisch zu sehen ist. Orange auf eine Schnittfläche stellen und rundherum schälen. Die Filets an den Trennhäuten mit einem Messer herauslösen. • Porridge auf zwei Schüsseln verteilen. • Datteln und Orangen daraufgeben. • Walnüsse darüberstreuen und mit Zimt bestäuben.

Nährwerte pro Portion:

360 kcal • 12 g E • 9 g F • 56 g KH • 6 KHE

MÜSLI »BIRCHER ART«

8 EL kernige
HAFERFLOCKEN

3 EL geschrotete
LEINSAMEN

2 EL gehackte
WALNÜSSE

300 g
NATURJOGHURT (1,5 % FETT)

1
APFEL

1 EL
ZITRONENSAFT

2 PORTIONEN

15 MIN.

Haferflocken, Leinsamen und Walnüsse in einem Schälchen vermischen • Mit Joghurt verrühren. • Apfel waschen, vierteln, das Kerngehäuse entfernen und die Viertel raspeln. • Raspel mit Zitronensaft beträufeln und unter das Müsli mischen. • Auf zwei Schälchen verteilen und sofort verzehren.

Nährwerte pro Portion:
400 kcal • 17 g E • 18 g F • 42 g KH • 4 KHE

EIN OMEGA-3-BOOST GEFÄLLIG?

In Leinsamen stecken sogar mehr Omega-3-Fettsäuren als in Lachs.

SCHOKO-BANANEN-MAISGRIESS

50 g
MAISGRIEß

500 ml
MANDELDRINK

2
BANANEN

2 TL
ERYTHRIT

2 EL gehackte
HASELNUSSKERNE

3 TL
KAKAONIBS

2 PORTIONEN

20 MIN.

Maisgrieß im Mandeldrink aufkochen und ca. 5 Min. quellen lassen. • Bananen schälen, mit einer Gabel zerdrücken und unter den gekochten Maisgrieß schlagen. • In 2 Schüsselchen geben. • Erythrit, Haselnüsse und Kakaonibs mischen und auf dem Maisgrieß verteilen.

Tipp: Beeren runden diesen Grießbrei ab.

Nährwerte pro Portion:
310 kcal • 7 g E • 14 g F • 40 g KH • 4 KHE

SONNENBLUMENKRAFTBROT

200 g
SONNENBLUMENKERNE

100 g geschrotete
LEINSAMEN

150 g
HAFERFLOCKEN

2 EL
CHIASAMEN

4 EL
FLOHSAMENSCHALEN

3 EL
KOKOSÖL + ZUM EINFETTEN

AUS DEM VORRAT: SALZ

20 SCHEIBEN

10 MIN. + 12 STD. QUELLEN + 60 MIN. BACKEN

Kerne, Samen, Flocken und 1 gestrichener TL Salz vermischen. • 450 ml Wasser und Kokosöl verrühren. • Mit den trockenen Zutaten gut vermengen. • Kastenform mit Backpapier auslegen, die Seiten mit Kokosöl fetten. • Teig in der Form glatt streichen. Zugedeckt bei Raumtemperatur über Nacht stehen lassen. • Backofen auf 180 °C vorheizen. • Brot 20 Min. backen. • Auf ein Backblech stürzen und weitere 40 Min. backen. • Brot ganz auskühlen lassen und in Scheiben schneiden.

Nährwerte pro Scheibe:
130 kcal • 5 g E • 9 g F • 8 g KH • 1 KHE

SESAMKNÄCKEBROT

80 g blütenzarte HAFERFLOCKEN — *75 g* SESAMSAMEN — *75 g geschrotete* LEINSAMEN

200 g feingeriebene MÖHREN — *2 EL* RAPSÖL

AUS DEM VORRAT: 1 TL SALZ

20 KLEINE SCHEIBEN

30 MIN. + 90 MIN. BACKEN

Backofen auf 125 °C vorheizen. • Alle Zutaten vermengen. Die Möhren sollten Flüssigkeit abgeben, damit sich der Teig feucht anfühlt. Sonst 1–3 EL Wasser hinzufügen. • Teig zwischen 2 Bögen Backpapier dünn ausrollen. Das obere Backpapier entfernen. • Teig in Vierecke (5 × 5 cm) schneiden. • Backpapier mit dem Teig auf ein Blech schieben. • Auf unterster Schiene ca. 90 Min. backen, bis das Brot trocken ist. • Abgekühlt in einer luftdichten Dose aufbewahren.

Nährwerte pro Scheibe:
60 kcal • 2 g E • 5 g F • 3 g KH • 0,5 KHE

ROGGENBROT MIT MUFFINRÜHREI

4 EIER — *4 EL* MILCH (1,5 % FETT) — *40 g hauchdünn geschnittener* PARMASCHINKEN

4 EL frisch gehackte SCHNITTLAUCH-RÖLLCHEN — *2 Scheiben* ROGGENVOLLKORNBROT — *10 g* BUTTER

AUS DEM VORRAT: OLIVENÖL • SALZ • PFEFFER

2 PORTIONEN

5 MIN. + 10 MIN. BACKEN

Backofen auf 200 °C vorheizen. • 4 Mulden einer Muffinform mit Öl einpinseln. • Eier aufschlagen, mit Milch verquirlen. Salzen und pfeffern. • Schinken in Streifen schneiden und so in die Mulden legen, dass der Boden gut bedeckt ist. • Eiermilch in die Mulden gießen und mit Schnittlauch bestreuen. • 12 Min. backen, bis die Eimasse gestockt ist. • Brot mit Butter bestreichen, Rührei-Muffins aus den Mulden lösen und auf die Brotschreiben setzen.

Nährwerte pro Portion:
400 kcal • 25 g E • 22 g F • 26 g KH • 3 KHE

GRÜNES OMELETT

300 g
BROKKOLIRÖSCHEN

200 g
ERBSEN (TK)

6 Zweige
GLATTE PETERSILIE

120 g
MOZZARELLA (45 % FETT)

4
EIER

AUS DEM VORRAT: OLIVENÖL • SALZ • PFEFFER

2 PORTIONEN

40 MIN.

Brokkoli in Salzwasser bissfest garen. • Erbsen in einem Sieb auftauen lassen. • Petersilie fein hacken. • Mozzarella würfeln. • 2 Eier verquirlen, salzen und pfeffern. • 1 EL Öl in einer Pfanne erhitzen. • Hälfte des Brokkoli und der Erbsen darin kurz schwenken. • Hälfte des Mozzarellas und der Eiermasse darübergießen. • Omelette bei mittlerer Temperatur langsam stocken lassen. • Aus den restlichen Zutaten ein zweites Omelett backen.

Nährwerte pro Portion:
450 kcal • 35 g E • 25 g F • 21 g KH • 2 KHE

AVOCADOHÄLFTEN MIT TOMATEN

1
AVOCADO

1 EL
PINIENKERNE

2
TOMATEN

1
KNOBLAUCHZEHE

2 EL frisch gehacktes
BASILIKUM

2 EL
BALSAMICO-ESSIG

AUS DEM VORRAT: SALZ • PFEFFER • OLIVENÖL

2 PORTIONEN

15 MIN.

Avocado der Länge nach halbieren, Kern entfernen. Beide Hälften salzen und pfeffern. • Pinienkerne rösten. • Tomaten waschen, putzen und in kleine Würfel schneiden. • Knoblauch abziehen und fein hacken. • Beides mit Basilikum, Salz, Pfeffer und 1 TL Olivenöl mischen. • Auf die Avocadohälften verteilen. • Mit Balsamico beträufeln und mit Pinienkernen bestreuen.

Tipp: Schmeckt auch mit einer Füllung aus Hüttenkäse, frischen Kräutern und Apfelessig.

Nährwerte pro Portion:
210 kcal • 4 g E • 18 g F • 7 g KH • 1 KHE

GEFÄCHERTE AUBERGINEN

- 2 kleine AUBERGINEN
- 1 TL edelsüßes PAPRIKAPULVER
- 1 TL KURKUMA

- 2 TL MANGOPULVER
- 1 TL GARAM MASALA
- ¼ TL CHILIPULVER

AUS DEM VORRAT: SALZ • OLIVENÖL

2 PORTIONEN

25 MIN.

Auberginen waschen, längs halbieren. • So in Streifen schneiden, dass sie noch am Strunk zusammenhalten. • Alle Gewürze in einer Schüssel mit Salz vermengen. • Gewürzmischung zwischen die Auberginenstreifen streichen. • 4 EL Olivenöl erhitzen. • Auberginen mit der Schnittfläche nach unten in die Pfanne legen und unter gelegentlichem Wenden ca. 15 Min. braten.

Tipp: Gemüse wird nicht bei den Kohlenhydrateinheiten angerechnet, daher 0 KHE.

Nährwerte pro Portion:
220 kcal • 3 g E • 21 g F • 6 g KH • 0 KHE

WRAPS »GREEK STYLE«

- 120 g TOMATEN
- 100 g FETA
- 100 g hauchdünn geschnittene PUTENBRUST

- 2 TORTILLAFLADEN
- 80 g KRAUTSALAT
- 4 EL GRIECHISCHER JOGHURT (1,5 % FETT)

AUS DEM VORRAT: SALZ • PFEFFER

2 PORTIONEN

25 MIN.

Tomaten waschen, putzen und würfeln. • Feta würfeln. • Putenbrust in 1 cm breite Streifen schneiden. • Tortillafladen mit Krautsalat, Tomaten, Feta und Putenbruststreifen belegen. • Joghurt mit Salz und Pfeffer würzen und auf der Füllung verteilen. • Die Fladen aufrollen. • Zum Servieren schräg halbieren.

Nährwerte pro Portion:
500 kcal • 28 g E • 21 g F • 45 g KH • 4 KHE

TOMATEN-POWER-KUGELN

2 Handvoll frische
BASILIKUMBLÄTTER

50 g getrocknete
SOFT-TOMATEN

3 EL
HAFERSCHMELZ-FLOCKEN

2 EL neutrales
EIWEIẞPULVER

2 EL gemahlene
MANDELN

2–4 EL
KOKOSÖL

AUS DEM VORRAT: SALZ • PFEFFER

2 PORTIONEN

10 MIN.

Basilikum waschen, trocken tupfen und grob hacken. • Tomaten fein würfeln. • Mit Schmelzflocken, Eiweißpulver und Mandeln vermengen. • Die Masse mit Kokosöl in einem Blitzhacker zu einer glatten Masse pürieren. • Mit Salz und Pfeffer abschmecken. • Aus der Masse mit den Händen 12 walnussgroße Bällchen formen. • Im Kühlschrank halten sie sich ca. 1 Woche.

Nährwerte pro Portion:
300 kcal • 14 g E • 22 g F • 13 g KH • 1 KHE

MAROKKANISCHE MÖHRENBÄLLCHEN

120 g
MÖHREN

2 EL
WEIZENVOLLKORNMEHL

1
EI

60 g
VOLLKORN-SEMMEL-BRÖSEL

1 TL
HARISSA-PULVER

AUS DEM VORRAT: SALZ • PFEFFER • OLIVENÖL

2 PORTIONEN

35 MIN.

Möhren putzen und fein raspeln. • Mehl, Ei und Semmelbrösel hinzufügen. • Mit Harissa, Salz und Pfeffer kräftig würzen. • Alles zu einer homogenen Masse verkneten und mit angefeuchteten Händen ca. 10 walnussgroße Bällchen formen. • 6 EL Öl in einer Pfanne erhitzen und die Bällchen bei mittlerer Hitze rundherum in 4–5 Min. goldbraun braten.

Tipp: Dazu passt ein Dressing aus Spinat (TK), Joghurt, Tahin, Salz und Pfeffer.

Nährwerte pro Portion:
330 kcal • 8 g E • 19 g F • 33 g KH • 3 KHE

MINI-AUBERGINEN-PIZZA

1 (320 g)
AUBERGINE

4–5
TOMATEN

1
KNOBLAUCHZEHE

80 g geriebener
PARMESAN

1 Handvoll frisches
BASILIKUM

AUS DEM VORRAT: OLIVENÖL • SALZ • PFEFFER

2 PORTIONEN

30 MIN.
+ 20 MIN
BACKEN

Backofen auf 200 °C vorheizen. • Aubergine in ½ cm dicke Scheiben schneiden, salzen. • Tomaten würfeln, Stielansätze entfernen. • Knoblauch fein hacken. • Auberginenscheiben trocken tupfen, mit Öl bepinseln und auf ein eingeöltes Blech legen. • 10 Min. backen. • Knoblauch in Öl anbraten, Tomaten dazugeben, würzen, einköcheln lassen. • Tomatensauce auf den Auberginen verteilen. • Mit Parmesan bestreuen und weitere 10 Min. backen. • Mit gehacktem Basilikum bestreut servieren.

Nährwerte pro Portion:
380 kcal • 15 g E • 31 g F • 10 g KH • 1 KHE

OMAS KARTOFFELPUFFER

2 ÄPFEL (BOSKOP)

etwas ZIMT

½ ZWIEBEL

500 g festkochende KARTOFFELN

1 EI

AUS DEM VORRAT: SALZ • OLIVENÖL

2 PORTIONEN

40 MIN.

Äpfel schälen, vierteln. • In wenig Wasser einige Minuten kochen, bis sie zerfallen. • Ausgekühlt mit Zimt abschmecken. • Zwiebel abziehen, fein hacken oder reiben. • Kartoffeln schälen, fein reiben, auf einem Sieb abtropfen lassen. • Wasser von dem stärkehaltigen Kartoffelwasser abgießen. • 1 TL abgesetzte Kartoffelstärke, geriebene Kartoffeln, Zwiebel, Ei und Salz vermengen. • 2 EL Olivenöl in einer Pfanne erhitzen. • Puffer von beiden Seiten goldbraun braten.

Nährwerte pro Portion:
370 kcal • 5 g E • 10 g F • 63 g KH • 6 KHE

FALAFEL »ORIENTAL«

200 g getrocknete KICHERERBSEN

1 kleine ZWIEBEL

1 KNOBLAUCHZEHE

20 g KORIANDERGRÜN

½ TL KREUZKÜMMEL

2 EL ZITRONENSAFT

AUS DEM VORRAT: SALZ • PFEFFER • OLIVENÖL

2 PORTIONEN

40 MIN. + EINWEICHEN ÜBER NACHT

Am Vortag Kichererbsen in reichlich Wasser einweichen. • Zwiebel und Knoblauch abziehen, fein hacken. • Koriander fein hacken. • Kichererbsen abgießen und pürieren. • Koriander, Knoblauch und Zwiebel dazugeben und alles fein pürieren. • Mit Salz, Pfeffer, Kreuzkümmel und Zitronensaft abschmecken. • Bällchen formen. • In einer tiefen Pfanne 3 EL Olivenöl erhitzen. • Bällchen rundum goldbraun backen. • Vor dem Servieren auf Küchenpapier abtropfen lassen.

Nährwerte pro Portion:
460 kcal • 19 g E • 21 g F • 46 g KH • 4 KHE

HAFERFLOCKEN-FRIKADELLEN

- *1 kleine* ZWIEBEL
- *100 g blütenzarte* HAFERFLOCKEN
- *100 ml* MILCH (1,5 % FETT)

- *1* EI
- *50 g geriebener* GOUDA
- *1 TL edelsüßes* PAPRIKAPULVER

AUS DEM VORRAT: SALZ • PFEFFER • OLIVENÖL

2 PORTIONEN

20 MIN.

Zwiebel abziehen und fein hacken. • Haferflocken mit lauwarmer Milch übergießen und vermengen. • Ei, Gouda und Zwiebel untermengen. • Mit Salz, Pfeffer und Paprika würzen. • Aus der Masse kleine Frikadellen formen. • 2 EL Olivenöl in einer Pfanne erhitzen. • Frikadellen von beiden Seiten goldbraun braten.

Tipp: Reichen Sie dazu einen Quarkdip und einen bunten Blattsalat.

Nährwerte pro Portion:
430 kcal • 18 g E • 25 g F • 33 g KH • 3 KHE

SÜSSKARTOFFEL-QUINOA-BÄLLCHEN

- *100 g* QUINOA
- *350 g* SÜßKARTOFFELN
- *300–350 ml* GEMÜSEBRÜHE

- *30–40 g* KICHERERBSENMEHL
- *2 EL* CHIASAMEN
- *2 EL frisch gehackte* GLATTE PETERSILIE

AUS DEM VORRAT: SALZ • PFEFFER • OLIVENÖL

2 PORTIONEN

40 MIN.

Quinoa gründlich waschen. • Süßkartoffeln schälen und in Würfel schneiden. • Beides in der Gemüsebrühe zum Kochen bringen und weich kochen. • Überschüssiges Kochwasser abgießen. • Kichererbsenmehl, Chiasamen und Petersilie untermengen, sodass ein formbarer Teig entsteht. • Kleine Kugeln formen. • 2 EL Olivenöl in einer Pfanne erhitzen. • Kugeln von beiden Seiten goldbraun braten.

Nährwerte pro Portion:
580 kcal • 15 g E • 20 g F • 84 g KH • 8 KHE

ZUCCHINI-LACHS-PUFFER

180 g
ZUCCHINI

1
KNOBLAUCHZEHE

100 g
STREMEL-LACHS

1
EI

3 EL
VOLLKORN-SEMMELBRÖSEL

1 EL frisch gehackter
DILL

AUS DEM VORRAT: SALZ • PFEFFER • OLIVENÖL

4 STÜCK

25 MIN.

Zucchini sehr fein raspeln, Geraspeltes ausdrücken. • Knoblauch abziehen und fein hacken. • Stremel-Lachs mit einer Gabel zerpflücken. • Alle Zutaten mit Ei, Semmelbröseln und Dill vermischen. • Salzen und pfeffern. • 4 Bratlinge formen und zusammendrücken. • In einer Pfanne mit 3 EL Olivenöl von beiden Seiten 4 Min. braten.

Tipp: Dazu passt ein leichter Kartoffelsalat.

Nährwerte pro Portion:
300 kcal • 16 g E • 20 g F • 14 g KH • 1 KHE

BROKKOLI-TOMATEN-BOWL

400 g
BROKKOLI

1 kleine
ZWIEBEL

12 getrocknete
TOMATEN (OHNE ÖL)

½ Bund glatte
PETERSILIE

20 g
SONNENBLUMENKERNE

3 EL
BALSAMICO-ESSIG

AUS DEM VORRAT: SALZ • OLIVENÖL • PFEFFER

2 PORTIONEN

25 MIN.

Brokkoli putzen. • Röschen 8 Min. in Salzwasser garen. • Zwiebel abziehen und fein würfeln. • Tomaten mit heißem Wasser übergießen und darin ziehen lassen. • Petersilie fein hacken. • Sonnenblumenkerne rösten und grob hacken. • Dressing aus 3 EL Olivenöl, Essig, Salz und Pfeffer herstellen. • Tomaten abgießen und in feine Streifen schneiden. • Alle Zutaten auf zwei Schalen verteilen und mit dem Dressing beträufeln.

Nährwerte pro Portion:
270 kcal • 11 g E • 18 g F • 15 g KH • 1 KHE

RAINBOW-BOWL

- *100 g* ZUCKERSCHOTEN
- *1 gelbe* PAPRIKA
- *150 g* MÖHREN

- *½* AVOCADO
- *140 g* KIDNEYBOHNEN (DOSE)
- *6 EL* ZITRONENSAFT

AUS DEM VORRAT: OLIVENÖL • SALZ • PFEFFER

2 PORTIONEN

15 MIN.

Zuckerschoten waschen, entfädeln und 4 Min. blanchieren. • Paprika waschen, putzen und in feine Würfel schneiden. • Möhren waschen, putzen und raspeln. • Avocado aus der Schale lösen und in mundgerechte Stücke schneiden. • Bohnen abbrausen und abtropfen lassen. • Zutaten in 2 Bowls anrichten. • Aus Zitronensaft, 4 EL Olivenöl, Salz und Pfeffer ein Dressing herstellen und über das Gemüse träufeln.

Nährwerte pro Portion:
390 kcal • 8 g E • 29 g F • 24 g KH • 2 KHE

GREEN-WHITE-BOWL

- *2–3* FRÜHLINGSZWIEBELN
- *400 g* BLUMENKOHL
- *100 g* BABYSPINAT

- *2* EIER
- *½* AVOCADO
- *4 EL* ZITRONENSAFT

AUS DEM VORRAT: OLIVENÖL • SALZ • PFEFFER

2 PORTIONEN

15 MIN.

Frühlingszwiebeln waschen, in Ringe schneiden. • Blumenkohl putzen und fein raspeln. • Spinat waschen und abtropfen lassen. • Eier mittelweich kochen und in Scheiben schneiden. • 2 EL Olivenöl erhitzen. • Blumenkohlraspel darin bissfest garen. • Salzen und pfeffern. • Zwiebelringe, Spinat und Blumenkohl vermengen. • Auf zwei Bowls verteilen. • Avocado, Zitronensaft und 2 EL Öl pürieren. Salzen und pfeffern. • Über den Blumenkohl geben und die Eierscheiben darauf verteilen.

Nährwerte pro Portion:
410 kcal • 15 g E • 34 g F • 10 g KH • 1 KHE

BULGUR-KICHERERBSEN-BOWL

80 g BULGUR — 250 ml GEMÜSEBRÜHE — 250 g KICHERERBSEN (DOSE)

300 g FLEISCHTOMATEN — 200 g GURKE — 100 g FETA

AUS DEM VORRAT: OLIVENÖL • SALZ • PFEFFER

2 PORTIONEN

15 MIN.

Bulgur in Gemüsebrühe zum Kochen bringen. Vom Herd nehmen, quellen und auf einem Sieb abtropfen lassen. • Kichererbsen abtropfen lassen. • Fleischtomaten und Gurke waschen und würfeln. • Feta fein zerbröseln. • Alles auf 2 Bowls verteilen. • Mit 2 EL Olivenöl beträufeln und mit Salz und Pfeffer würzen.

Nährwerte pro Portion:
580 kcal • 23 g E • 28 g F • 60 g KH • 6 KHE

ORIENTALISCHE BOWL

250 g FALAFELN (FERTIGPRODUKT ODER REZEPT, SEITE 42) — 150 g EISBERGSALAT — 300 g STRAUCHTOMATEN

30 g gehackte MANDELN — 250 g GRIECHISCHER JOGHURT (1,5 % FETT) — Saft von ½ ORANGE

AUS DEM VORRAT: OLIVENÖL • SALZ • PFEFFER

2 PORTIONEN

20 MIN.

Falafeln in 2 EL Olivenöl braten. • Eisbergsalat waschen, putzen und in dünne Streifen schneiden. • Strauchtomaten waschen und in mundgerechte Würfel schneiden. • Mandeln in einer beschichteten Pfanne rösten. • Joghurt mit Orangensaft, Salz und Pfeffer abschmecken. • Alle Zutaten auf zwei Bowls verteilen und mit dem Dressing beträufeln.

Nährwerte pro Portion:
700 kcal • 27 g E • 41 g F • 53 g KH • 5 KHE

VEGANE BOWL

100 g
BUCHWEIZEN

500 g
GRÜNER SPARGEL (10 STANGEN)

10
COCKTAILTOMATEN

150 g
GERÄUCHERTER TOFU

16
BASILIKUMBLÄTTER

1
KNOBLAUCHZEHE

AUS DEM VORRAT: OLIVENÖL • SALZ • PFEFFER

2 PORTIONEN

35 MIN.

Buchweizen garen. • Backofen auf 200 °C vorheizen. • Spargel waschen, die Enden entfernen. • Tomaten halbieren. • Tofu fein würfeln. • Spargel, Tomaten und Tofu locker in Backpapier wickeln und 10 Min. im Ofen rösten. • Für das Dressing Basilikum und Knoblauch fein hacken. • Mit 4 EL Olivenöl, Salz und Pfeffer vermischen. • Buchweizen auf 2 Bowls verteilen, Spargel, Tomaten und Tofu darauf verteilen und mit dem Dressing beträufeln.

Nährwerte pro Portion:
510 kcal • 23 g E • 26 g F • 46 g KH • 4 KHE

SOMMERROLLEN MIT PUTE

200 g
MÖHREN

200 g
GURKE

150 g
EISBERGSALAT

150 g hauchdünner
PUTENBRUSTAUFSCHNITT

12–16 Blätter
REISPAPIER

süßsaure
CHILISAUCE

AUS DEM VORRAT: OLIVENÖL • SALZ • PFEFFER

2 PORTIONEN

30 MIN.

Möhren, Gurke und Salat waschen, trocken tupfen und in feine Streifen schneiden. • Putenbrust in schmale Streifen schneiden. • Reispapierblätter einzeln kurz in zimmerwarmem Wasser einweichen, ausbreiten und mit Gemüse und Putenbrust mittig belegen. • Nach Belieben mit etwas Chilisauce beträufeln. • Reispapier von unten und oben über die Füllung ziehen und straff aufrollen.

Tipp: Schmeckt auch mit anderem Gemüse, Räucherlachs oder gekochtem Ei.

Nährwerte pro Portion:
150 kcal • 21 g E • 1 g F • 13 g KH • 1 KHE

RUCOLASALAT MIT TOMATEN

50 g getrocknete, in Öl eingelegte
TOMATEN

2 Scheiben
VOLLKORNTOAST

160 g
COCKTAILTOMATEN

80 g
RUCOLA

2 EL
WEIẞWEINESSIG

4 EL gehobelter
PARMESAN

AUS DEM VORRAT: OLIVENÖL • SALZ • PFEFFER

2 PORTIONEN

20 MIN.

Eingelegte Tomaten abtropfen lassen und in feine Streifen schneiden. • Toast würfeln. In 1 EL Olivenöl hellbraun braten. • Cocktailtomaten halbieren. • Rucola putzen, waschen und trocken schleudern. • Die vier Zutaten in eine Schüssel geben. • Aus 2 EL Olivenöl, Essig, Salz und Pfeffer ein Dressing herstellen und unter den Salat heben. • Mit Parmesan bestreuen.

Tipp: In diesem Salat lässt sich nahezu jedes nicht mehr ganz frische Brot verwenden.

Nährwerte pro Portion:
360 kcal • 11 g E • 28 g F • 17 g KH • 1 KHE

Olivenholzweg

Wer glaubt, dass das Grüne Gold mit der Klasse "extra vergine" automatisch eine hohe Qualität hat, ist auf dem Holzweg. Olivenöl von handgepflückten Oliven und unter 27° C kalt gepresst zählt zu den besten.

GRIECHISCHER TOMATENSALAT

400 g STRAUCHTOMATEN — *100 g* EISBERGSALAT — *1 rote* ZWIEBEL

150 g FETA — *60 g* SCHWARZE OLIVEN — *Saft von ½* ZITRONE

AUS DEM VORRAT: OLIVENÖL • SALZ • PFEFFER

2 PORTIONEN

20 MIN.

Tomaten waschen, Stielansätze entfernen und in Scheiben schneiden. • Eisbergsalat in feine Streifen schneiden, waschen und trocken schleudern. • Zwiebel abziehen und in Ringe schneiden. • Feta würfeln. • Salatstreifen auf zwei Teller verteilen, Tomatenscheiben darauf anordnen. Zwiebelringe, Fetawürfel und Oliven darüber verteilen. • Aus Zitronensaft, 2 EL Olivenöl, Salz und Pfeffer ein Dressing herstellen und den Salat damit beträufeln.

Nährwerte pro Portion:

400 kcal • 15 g E • 33 g F • 9 g KH • 1 KHE

SPARGEL-BABYSPINAT-SALAT

500 g WEIßER SPARGEL — *½ Bund* RADIESCHEN — *100 g* BABYSPINAT

3 EL APFELESSIG — *2 TL* SENF — *1 TL* HONIG

AUS DEM VORRAT: OLIVENÖL • SALZ • PFEFFER

2 PORTIONEN

35 MIN.

Spargel waschen, schälen, in 4 cm lange Stücke schneiden. • In leicht gesalzenem Wasser ca. 15 Min. garen. Abgießen und abschrecken. • Radieschen waschen, putzen und in dünne Scheiben hobeln. • Spinat waschen, trocken schleudern und in mundgerechte Stücke zupfen. • Aus Apfelessig, 2 EL Olivenöl, Senf, Honig, Salz und Pfeffer ein Dressing aufschlagen. • Alle Zutaten in eine Salatschüssel geben und vermengen.

Nährwerte pro Portion:

170 kcal • 8 g E • 11 g F • 9 g KH • 1 KHE

BUNTER ROTKOHLSALAT

- *150 g* ROTKOHL
- *200 g* MÖHREN
- *½ gelbe* PAPRIKA

- *1* AVOCADO
- *Saft von 1* ZITRONE
- *2 EL geröstete* SONNENBLUMENKERNE

AUS DEM VORRAT: OLIVENÖL • SALZ • PFEFFER

2 PORTIONEN

30 MIN.

Rotkohl und Möhren fein raspeln. • Paprika putzen und fein würfeln. • Avocado halbieren, Kern entfernen, das Fruchtfleisch herausheben und in 1 cm große Würfel schneiden. • Aus Zitronensaft, 2 EL Olivenöl, Salz und Pfeffer ein Dressing herstellen. • Die Salatzutaten auf 2 Schüsseln verteilen, mit dem Dressing beträufeln und mit Sonnenblumenkernen bestreuen.

Nährwerte pro Portion:
370 kcal • 7 g E • 29 g F • 20 g KH • 2 KHE

FENCHEL-ORANGEN-SALAT

- *1* FENCHELKNOLLE
- *2* ORANGEN
- *1 EL milder* WEIẞWEINESSIG

- *1* FRÜHLINGSZWIEBEL
- *2–4 Stängel* GLATTE PETERSILIE
- *2 EL geröstete* PINIENKERNE

AUS DEM VORRAT: OLIVENÖL • SALZ • PFEFFER

2 PORTIONEN

25 MIN.

Fenchelknolle waschen, putzen und fein hobeln. • Orangen so schälen, dass das Weiße entfernt wird. Filets herausschneiden, Orangensaft dabei auffangen. • Aus Orangensaft, Essig, 2 EL Olivenöl, Salz und Pfeffer ein Dressing aufschlagen. • Frühlingszwiebel und Petersilie waschen, putzen und fein hacken. • Alle Zutaten auf 2 Tellern anrichten. • Mit Dressing beträufeln und mit Pinienkernen bestreuen.

Nährwerte pro Portion:
250 kcal • 6 g E • 16 g F • 18 g KH • 1 KHE

SCHARFER WIRSING-MÖHREN-SALAT

3 EL
WEIßWEINESSIG

2 EL
SOJASAUCE

2 EL
SRIRACHA-CHILISAUCE

2 EL
SESAMSAMEN

300 g
WIRSING

2
MÖHREN

AUS DEM VORRAT: OLIVENÖL • SALZ • PFEFFER

2 PORTIONEN

20 MIN. +
1 STD. DURCH-
ZIEHEN

Weißweinessig, Sojasauce, 2 EL Olivenöl und Chilisauce kurz erhitzen und so lange rühren, bis sich die Zutaten verbunden haben. • Sesam in einer Pfanne ohne Fett rösten. • Wirsing waschen, putzen und in feine Streifen schneiden. • Möhren schälen und mit einem Sparschäler dünne Streifen schälen. • Alle Zutaten in einer Schüssel vermengen. • Mit Salz und Pfeffer würzen und durchziehen lassen.

Nährwerte pro Portion:
230 kcal • 8 g E • 16 g F • 14 g KH • 1 KHE

ROTE-BETE-SALAT MIT LACHS

2 Stücke
BIO-LACHS À 150 G

125 g
BABYSPINAT

200 g
ROTE BETE (VAKUUMVERPACKT)

150 g
NATURJOGHURT

1 EL geröstete
SESAMSAMEN

20 g gehobelter
PARMESAN

AUS DEM VORRAT: OLIVENÖL • SALZ • PFEFFER

2 PORTIONEN

25 MIN.

Lachs abbrausen, trocken tupfen, salzen und in wenig Olivenöl von beiden Seiten 3–4 Min. braten. • Spinat waschen und trocken schleudern. • Rote Bete fein würfeln. • Joghurt mit 1½ EL Öl, Salz und Pfeffer verrühren. • Babyspinat und Rote Bete auf Tellern anrichten, Lachsstreifen daraufsetzen. Mit Sesam und Parmesan bestreuen. • Joghurtdressing dazu reichen.

Nährwerte pro Portion:
520 kcal • 40 g E • 35 g F • 13 g KH • 1 KHE

KARTOFFELSALAT MIT THUNFISCH

450 g gekochte
KARTOFFELN VOM VORTAG

300 g
STANGENBOHNEN

1 kleine
ROTE ZWIEBEL

100 g
KIDNEYBOHNEN (DOSE)

150 g
THUNFISCH IM EIGENEN SAFT

Saft von ½
ZITRONE

AUS DEM VORRAT: OLIVENÖL • SALZ • PFEFFER

2 PORTIONEN

25 MIN.

Kartoffeln würfeln. • Stangenbohnen putzen und in leicht gesalzenem Wasser 5 Min. blanchieren. • Abschrecken, abtropfen lassen und in 3 cm lange Stücke schneiden. • Zwiebel abziehen und fein hacken. • Kidneybohnen abtropfen lassen. • Thunfisch und Bohnen mit den anderen Salatzutaten in eine Schüssel geben. • Ein Dressing aus Zitronensaft, 2 EL Olivenöl, Salz und Pfeffer aufschlagen unter die Salatzutaten geben.

Nährwerte pro Portion:
550 kcal • 37 g E • 13 g F • 69 g KH • 7 KHE

LINSENSALAT

1 mittelgroße ZUCCHINI — *2* MÖHREN — *½ TL* THYMIAN

100 g ROTE LINSEN — *4 Scheiben* KRÄFTIGER BERGKÄSE — *12* COCKTAILTOMATEN

AUS DEM VORRAT: SALZ • PFEFFER • OLIVENÖL

2 PORTIONEN

30 MIN.

Zucchini und Möhren putzen, in Scheiben schneiden und in 2–3 EL Olivenöl unter Wenden gar braten. Mit Salz, Pfeffer und Thymian würzen. • Linsen in 10 Min. garen. • Bergkäse in sehr feine Würfel schneiden. • Alle Zutaten vermengen. • Mit Salz und Pfeffer würzen und 2 EL Olivenöl unterheben. • Linsensalat auf 2 Weckgläser verteilen und genießen.

Tipp: Der Salat lässt sich gut mitnehmen.

Nährwerte pro Portion:
490 kcal • 31 g E • 27 g F • 33 g KH • 3 KHE

KIDNEYBOHNENSALAT

160 g KIDNEYBOHNEN (DOSE) — *200 g* RETTICH — *1 kleiner* SÄUERLICHER APFEL

4–6 Zweige GLATTE PETERSILIE — *2 EL* WEIßWEINESSIG — *1 TL* SENF

AUS DEM VORRAT: OLIVENÖL • SALZ • PFEFFER

2 PORTIONEN

25 MIN.

Kidneybohnen abspülen und abtropfen lassen. • Rettich putzen und in feine Scheiben hobeln. • Apfel entkernen und fein würfeln. • Petersilie waschen, abtropfen und fein hacken. • Aus Essig, Senf, 2 EL Olivenöl, Salz und Pfeffer ein Dressing herstellen. • Alle Zutaten miteinander vermengen und in 2 Weckgläser füllen.

Tipp: Auch dieser Salat lässt sich gut unterwegs genießen.

Nährwerte pro Portion:
230 kcal • 9 g E • 11 g F • 24 g KH • 2 KHE

COUSCOUS-SALAT

100 g COUSCOUS

150 ml GEMÜSEBRÜHE

1 rote PAPRIKA

3–4 FRÜHLINGSZWIEBELN

2 EL OBSTESSIG

1 TL ROTE CURRYPASTE

AUS DEM VORRAT: OLIVENÖL • SALZ • PFEFFER

2 PORTIONEN

20 MIN.

Couscous mit heißer Gemüsebrühe übergießen und 10 Min. quellen lassen. • Paprika putzen und in Würfel schneiden. • Frühlingszwiebeln putzen und in feine Ringe schneiden. • Aus Obstessig, Currypaste, 3 EL Olivenöl, Salz und Pfeffer ein Dressing herstellen. • Dressing über die Salatzutaten gießen und in 2 Weckgläser füllen.

Nährwerte pro Portion:
310 kcal • 7 g E • 12 g F • 42 g KH • 4 KHE

GRÜNER EDAMAME-SALAT

100 g BABYSPINAT

100 g gekochte EDAMAME (BOHNENKERNE OHNE SCHALE)

½ AVOCADO

1 KNOBLAUCHZEHE

2 EL TAHIN (SESAMMUS)

1 TL HONIG

AUS DEM VORRAT: OLIVENÖL • SALZ • PFEFFER

2 PORTIONEN

15 MIN.

Spinat waschen, trocken tupfen und in mundgerechte Stücke zupfen. • Edamame abspülen und abtropfen lassen. • Avocadofruchtfleisch aus der Schale heben und in Würfel schneiden. • Knoblauch abziehen und fein hacken. • Aus Knoblauch, Tahin, Honig, 2 EL Olivenöl, Salz und Pfeffer ein Dressing aufschlagen. • Zutaten auf 2 Teller verteilen und mit dem Dressing beträufeln.

Nährwerte pro Portion:
380 kcal • 18 g E • 30 g F • 9 g KH • 1 KHE

BUNTER KICHERERBSENSALAT

300 g
KICHERERBSEN (DOSE)

400 g
BROKKOLI

je 1 gelbe und rote
PAPRIKA

1 kleine
ZWIEBEL

½ TL
RAS EL HANOUT

100 g
NATURJOGHURT

AUS DEM VORRAT: OLIVENÖL • SALZ • PFEFFER

2 PORTIONEN

25 MIN.

Kichererbsen abgießen und abbrausen. • Brokkoli in Röschen teilen. • In kochendem Salzwasser ca. 8 Min. garen, abgießen. • Paprika waschen, putzen und fein würfeln. • Zwiebel abziehen und fein würfeln. • Aus Ras el Hanout, Joghurt, 2 EL Olivenöl, Salz und Pfeffer ein Dressing aufschlagen. • Alle Zutaten miteinander vermengen.

Tipp: Zum Mitnehmen Salat in 2 Weckgläser geben und später genießen.

Nährwerte pro Portion:
420 kcal • 23 g E • 16 g F • 44 g KH • 4 KHE

SÜSSKARTOFFELSUPPE

450 g
SÜẞKARTOFFELN

10 g
INGWER

1
KNOBLAUCHZEHE

1 EL
CURRY

600 ml
GEMÜSEBRÜHE

100 ml
KOKOSMILCH

AUS DEM VORRAT: OLIVENÖL • SALZ • PFEFFER

2 PORTIONEN

20 MIN.

Süßkartoffeln schälen und in Stücke schneiden. • Ingwer schälen und fein hacken. • Knoblauch abziehen und fein hacken. • 1 EL Olivenöl erhitzen. • Süßkartoffeln, Knoblauch, Ingwer und Curry darin anbraten. • Mit Brühe ablöschen und 20 Min. köcheln lassen. • Mit Kokosmilch pürieren. • Mit Salz, Pfeffer und Curry abschmecken.

Tipp: Statt Süßkartoffeln können Sie auch 400 g Möhren und 1 mittelgroße Kartoffel verwenden.

Nährwerte pro Portion:
330 kcal • 6 g E • 7 g F • 59 g KH • 6 KHE

ROTE-BETE-MEERRETTICH-SUPPE

1 KNOBLAUCHZEHE — 220 g ROTE BETE — 120 g KARTOFFELN

375 ml GEMÜSEBRÜHE — 1 EL frisch geriebener MEERRETTICH (ODER AUS DEM GLAS) — 50 ml HAFERCREME

AUS DEM VORRAT: OLIVENÖL • SALZ • PFEFFER

2 PORTIONEN

40 MIN.

Knoblauch abziehen und hacken. • Rote Bete schälen und würfeln. • Kartoffeln waschen, schälen und würfeln. • 1 EL Olivenöl in einem Topf erhitzen. • Knoblauch, Rote Bete und Kartoffeln darin bei mittlerer Hitze 5 Min. andünsten. • Gemüsebrühe angießen und bei mittlerer Hitze 30 Min. kochen. • Meerrettich unterheben und die Suppe pürieren. • Mit Hafercreme, Salz und Pfeffer abschmecken.

Tipp: Garnieren Sie die Suppe mit Kresse.

Nährwerte pro Portion:
170 kcal • 4 g E • 7 g F • 21 g KH • 2 KHE

SCHNELLE TOMATENSUPPE

1 ZWIEBEL — 3 EL TOMATENMARK — 400 ml geschälte TOMATEN (DOSE)

200 ml GEMÜSEBRÜHE — 50 ml SAHNE (30 % FETT)

AUS DEM VORRAT: OLIVENÖL • SALZ • PFEFFER

2 PORTIONEN

15 MIN.

Zwiebel abziehen und fein hacken. • 2 EL Olivenöl in einem Topf erhitzen. • Zwiebeln andünsten. • Tomatenmark einrühren. Leicht mitdünsten. • Geschälte Tomaten und Gemüsebrühe hinzufügen. • 10 Min. köcheln lassen, dann pürieren. • Sahne unterziehen und mit Salz und Pfeffer abschmecken.

Nährwerte pro Portion:
200 kcal • 4 g E • 15 g F • 11 g KH • 1 KHE

CURRY-BLUMENKOHL-SUPPE

½ BLUMENKOHL — 1 ZWIEBEL — 1 KARTOFFEL

1 EL CURRY — 400 ml GEMÜSEBRÜHE — 100 ml KOKOSMILCH (DOSE)

AUS DEM VORRAT: OLIVENÖL • SALZ • PFEFFER

2 PORTIONEN

35 MIN.

Blumenkohl putzen und in Röschen teilen. • Zwiebel abziehen und fein würfeln. • Kartoffel schälen und würfeln. • 2 EL Olivenöl in einem Topf erhitzen. • Blumenkohl, Zwiebel und Kartoffel darin anschwitzen, mit Curry bestäuben. • Mit Gemüsebrühe ablöschen und 15 Min. köcheln lassen. • Pürieren und mit Curry, Salz und Pfeffer abschmecken.

Nährwerte pro Portion:
300 kcal • 9 g E • 20 g F • 20 g KH • 2 KHE

SCHARFE MÖHRENSUPPE

400 g MÖHREN — 1 ZWIEBEL — 10 g INGWER

1–2 TL HARISSA-PULVER — 450 ml GEMÜSEBRÜHE — 100 ml ORANGENSAFT

AUS DEM VORRAT: OLIVENÖL • SALZ • PFEFFER

2 PORTIONEN

30 MIN.

Möhren waschen, schälen und in Stücke schneiden. • Zwiebel und Ingwer schälen und fein hacken. • 2 EL Olivenöl in einem Topf erhitzen. • Möhren, Zwiebel und Ingwer darin anschwitzen. • Mit Harissa bestäuben. • Mit Gemüsebrühe ablöschen und 20 Min. köcheln lassen. • Pürieren und mit Orangensaft, Harissa, Salz und Pfeffer abschmecken.

Nährwerte pro Portion:
190 kcal • 4 g E • 9 g F • 22 g KH • 2 KHE

THAI-NUDEL-SUPPE

1
KNOBLAUCHZEHE

10 g
INGWER

100 g
BABYSPINAT

200 g
MÖHREN

1 TL
CURRY

100 g breite
GLASNUDELN

AUS DEM VORRAT: OLIVENÖL • SALZ

2 PORTIONEN

20 MIN.

Knoblauch und Ingwer schälen und fein hacken. • Spinat waschen und verlesen. • Möhren schälen und in dünne Scheiben schneiden. • 1 EL Öl erhitzen. • Knoblauch und Ingwer anschwitzen, mit Curry bestäuben. • Möhren hinzugeben, anbraten und mit 600 ml Wasser auffüllen. • Spinat hinzugeben und salzen. • Glasnudeln in kleine Stücke brechen und zum Schluss hinzufügen. • Ca. 2 Min. gar ziehen lassen. Mit Salz und Curry abschmecken.

Nährwerte pro Portion:
280 kcal • 4 g E • 6 g F • 51 g KH • 5 KHE

ROTES GARNELEN-CURRY

1 Stange LAUCH — *1 rote* PAPRIKA — *1 gelbe* ZUCCHINI

250 g GARNELEN — *1 EL* ROTE CURRYPASTE — *150 ml* KOKOSMILCH (DOSE)

AUS DEM VORRAT: OLIVENÖL • SALZ • PFEFFER

2 PORTIONEN

25 MIN.

Lauch in Ringe schneiden. • Paprika putzen und fein würfeln. • Zucchini putzen, halbieren und in Scheiben schneiden. • 2 EL Olivenöl erhitzen. • Garnelen von allen Seiten anbraten. • Gemüse dazugeben und bissfest dünsten. • Currypaste einrühren. • Mit Kokosmilch ablöschen. • Etwas einkochen und mit Salz und Pfeffer abschmecken.

Nährwerte pro Portion:
350 kcal • 7 g E • 25 g F • 21 g KH • 2 KHE

ÜBERBACKENE ZUCCHINIZUNGEN

2 mittelgroße ZUCCHINI — 100 g FETA — 1 KNOBLAUCHZEHE

60 g entsteinte SCHWARZE OLIVEN — 1 TL getrocknete ITALIENISCHE KRÄUTER — 60 g RUCOLA

AUS DEM VORRAT: OLIVENÖL • SALZ • PFEFFER

2 PORTIONEN

10 MIN. + 20 MIN. BACKEN

Backofen auf 200 °C vorheizen. • Zucchini längs in ½ cm dicke Scheiben schneiden. • Mit 1 EL Olivenöl bestreichen, salzen und pfeffern. • Scheiben auf einem mit Backpapier ausgelegtem Blech 10 Min. backen. • Feta zerbröseln. • Knoblauch abziehen, fein hacken. • Oliven hacken. • Alles mit Kräutern und 2 EL Öl mischen. • Mischung auf den Zucchini verteilen und 10 Min. weiterbacken. • Rucola waschen und trocken schleudern. • Zucchini mit Rucola anrichten.

Nährwerte pro Portion:
330 kcal • 13 g E • 28 g F • 6 g KH • 0 KHE

KARTOFFELGRATIN

1 KNOBLAUCHZEHE — 450 g KARTOFFELN — frisch geriebener MUSKAT

125 ml SAHNE (30 % FETT) — 125 ml MILCH (1,5 % FETT) — ½ TL gekörnte GEMÜSEBRÜHE

AUS DEM VORRAT: OLIVENÖL • SALZ • PFEFFER

2 PORTIONEN

15 MIN. + 45 MIN. BACKEN

Backofen auf 200 °C vorheizen. • Knoblauchzehe halbieren. • Flache Auflaufform (20 cm lang) damit ausreiben. • Dann mit 1 TL Olivenöl einfetten. • Kartoffeln schälen und in feine Scheiben hobeln. • Hälfte der Kartoffelscheiben in die Form schichten. • Mit Salz, Pfeffer und Muskat würzen. • Restlichen Kartoffeln daraufschichten. • Sahne und Milch mischen. • Mit Brühe und Gewürzen kräftig abschmecken. • Die Mischung über die Kartoffeln geben. • 45 Min. backen.

Nährwerte pro Portion:
410 kcal • 8 g E • 23 g F • 41 g KH • 4 KHE

SÜSSKARTOFFEL-STICKS MIT DIP

500 g SÜẞKARTOFFELN — 1 TL edelsüßes PAPRIKAPULVER — 1 SPITZPAPRIKA

20 g WALNÜSSE — 120 g SAURE SAHNE (10 % FETT) — 1 Msp. CHILIPULVER

AUS DEM VORRAT: OLIVENÖL • SALZ • PFEFFER

2 PORTIONEN

20 MIN. + 30 MIN. BACKEN

Backofen auf 200 °C vorheizen. • Süßkartoffeln waschen, schälen, in ca. 6 cm lange Sticks schneiden. • 1 EL Olivenöl mit Salz, Pfeffer und ½ TL Paprikapulver verrühren. • Mischung unter die Kartoffeln heben. • Auf einem mit Backpapier ausgelegten Backblech verteilen. • 30 Min. backen. • Paprika waschen, putzen, klein schneiden. • Mit Walnüssen und saurer Sahne pürieren. • Mit Paprika-, Chilipulver, Salz und Pfeffer abschmecken. • Dip mit Kartoffelsticks servieren.

Nährwerte pro Portion:
470 kcal • 8 g E • 19 g F • 66 g KH • 7 KHE

KÜRBISSPALTEN MIT AVOCADODIP

500 g HOKKAIDO-KÜRBIS — 1 EL SESAMSAMEN — 1 KNOBLAUCHZEHE

1 LIMETTE — 1 AVOCADO — 1 Msp. KREUZKÜMMEL

AUS DEM VORRAT: OLIVENÖL • SALZ • PFEFFER

2 PORTIONEN

15 MIN. + 35 MIN. BACKEN

Backofen auf 200 °C vorheizen. • Kürbis waschen, putzen, in 1–2 cm breite Spalten schneiden. • 1 EL Öl mit Sesam, Salz und Pfeffer mischen. • Kürbisspalten auf einem mit Backpapier ausgelegten Backblech mit der Mischung bestreichen. • 35 Min. backen. • Knoblauch abziehen, fein hacken. • Limette auspressen. • Avocado entkernen, Fruchtfleisch aus der Schale heben und zerdrücken. • Mit Knoblauch, Limettensaft, Kreuzkümmel, Salz und Pfeffer würzen. • Kürbisstreifen mit Avocado-Dip anrichten.

Nährwerte pro Portion:
640 kcal • 11 g E • 48 g F • 40 g KH • 4 KHE

LINSENGRATIN

1 Stange
LAUCH

200 g
MÖHREN

120 g
BERGLINSEN

30 g
WALNÜSSE

2 EL
BALSAMICO-ESSIG

100 g
ZIEGENFRISCHKÄSE

AUS DEM VORRAT: OLIVENÖL • SALZ • PFEFFER

2 PORTIONEN

45 MIN.

Lauch putzen, in Ringe schneiden. • Möhren schälen, würfeln. • Berglinsen kalt abspülen. • 2 EL Öl erhitzen. • Lauch und Möhren kurz andünsten. • Linsen dazugeben, mit 600 ml Wasser aufgießen. • Aufkochen und zugedeckt 30 Min. kochen. • Backofen auf 220 °C vorheizen. • Walnüsse fein hacken. • Linsen mit Salz, Pfeffer und Balsamico-Essig würzen. • In eine Auflaufform geben. • Gehackte Walnüsse und Ziegenfrischkäse in Flöckchen daraufgeben. • 10 Min. überbacken.

Nährwerte pro Portion:
500 kcal • 24 g E • 29 g F • 38 g KH • 4 KHE

POLYPHENOLE
aus Walnüssen schützen unsere Zellen und können die Signalübertragung im Gehirn verbessern.

Doppelt hält besser...

LANGSAME LINSE:
Weil sie den Blutzuckerspiegel nur langsam ansteigen lassen, bezeichnet man Linsen und andere Hülsenfrüchte auch als „Slow Carbs“.

NUDELN MIT MANGOLD-GEMÜSE

120 g
VOLLKORN-RÖHRCHENNUDELN

60 g
ROTE LINSEN

400 ml
GEMÜSEBRÜHE

30 g getrocknete
TOMATEN (OHNE ÖL)

400 g
MANGOLD

2
KNOBLAUCHZEHEN

AUS DEM VORRAT: OLIVENÖL • SALZ • PFEFFER

2 PORTIONEN

35 MIN.

Nudeln kochen. • Linsen in der Gemüsebrühe 5 Min. garen, abgießen, dabei die Brühe auffangen. • Tomaten in feine Streifen schneiden. • Mangold putzen und mit den Stielen in 1 cm breite Streifen schneiden. • Knoblauch abziehen und fein hacken. • 2 EL Öl erhitzen. • Mangold darin unter Rühren dünsten. • Knoblauch, Tomaten und 200 ml Brühe zugeben. • 5 Min. köcheln lassen. • Linsen untermischen. Salzen und pfeffern. • Mit den Nudeln servieren.

Nährwerte pro Portion:
450 kcal • 21 g E • 12 g F • 60 g KH • 6 KHE

MÖHRENSPAGHETTI MIT ZUCCHINI

- *1 mittelgroße* ZUCCHINI
- *200 g stückige* TOMATEN (DOSE)
- *½ TL edelsüßes* PAPRIKAPULVER

- *½ TL* ITALIENISCHE KRÄUTER
- *400 g große* MÖHREN
- *2 EL* PINIENKERNE

AUS DEM VORRAT: OLIVENÖL • SALZ • PFEFFER

2 PORTIONEN

30 MIN.

Zucchini putzen, in feine Würfel schneiden. • 2 EL Olivenöl erhitzen. • Zucchiniwürfel darin anschwitzen. • Mit den Tomaten ablöschen. • Mit Salz, Pfeffer, Paprikapulver und Kräutern würzen. • 10 Min. köcheln lassen. • Möhren schälen, mit einem Spiralschneider in Fäden schneiden. • In leicht gesalzenem kochendem Wasser 1 Min. kochen. • Pinienkerne rösten. • Abgetropfte Möhrenspaghetti mit Zucchiniragout vermengen. • Mit Pinienkernen anrichten.

Nährwerte pro Portion:
260 kcal • 8 g E • 16 g F • 20 g KH • 2 KHE

PASTA ARRABIATA

- *160 g* VOLLKORNSPAGHETTI
- *1* KNOBLAUCHZEHE
- *200 g stückige* TOMATEN (DOSE)

- *1* CHILISCHOTE
- *1 Handvoll frische* BASILIKUMBLÄTTER
- *2 EL gehobelter* PARMESAN

AUS DEM VORRAT: OLIVENÖL • SALZ • PFEFFER

2 PORTIONEN

25 MIN.

Spaghetti kochen. • Knoblauch abziehen und fein hacken. • In 1 EL Olivenöl andünsten. • Mit geschälten Tomaten ablöschen. • Mit Salz und Pfeffer würzen. • 15 Min. auf niedriger Temperatur köcheln lassen. • Chilischote längs halbieren, entkernen und fein würfeln. • Basilikum fein hacken. • Beides unter die Tomatensauce rühren. • Spaghetti mit der scharfen Sauce auf 2 tiefe Teller verteilen. • Mit Parmesan bestreut servieren.

Nährwerte pro Portion:
480 kcal • 20 g E • 18 g F • 60 g KH • 6 KHE

VEGANE CABONARA

150 g
VOLLKORNSPAGHETTI

100 g
RÄUCHERTOFU

1
KNOBLAUCHZEHE

3 Stiele
GLATTE PETERSILIE

150 ml
HAFERCREME

Saft von ½
LIMETTE

AUS DEM VORRAT: OLIVENÖL • SALZ • PFEFFER

2 PORTIONEN

30 MIN.

Spaghetti kochen. • Räuchertofu in sehr kleine Würfel schneiden. • Knoblauch abziehen und fein würfeln. • Petersilie waschen, trocken schütteln und fein hacken. • 1 EL Öl erhitzen, Tofu darin knusprig braten. • Knoblauch hinzugeben und glasig dünsten. • Mit Hafercreme ablöschen. • 1 EL Öl einrühren. • Mit Salz, Pfeffer und Limettensaft abschmecken. • Spaghetti zur Sauce geben. • Durchschwenken und nochmal kurz erhitzen. • Mit Petersilie bestreut servieren.

Nährwerte pro Portion:
500 kcal • 20 g E • 20 g F • 60 g KH • 6 KHE

ROTE-LINSEN-BOLOGNESE

100 g
RIGATONI

2
KNOBLAUCHZEHEN

100 g
ROTE LINSEN

400 g gehackte
TOMATEN (DOSE)

1 Handvoll frisches
BASILIKUM

2 EL geriebener
PARMESAN

AUS DEM VORRAT: OLIVENÖL • SALZ • PFEFFER

2 PORTIONEN

30 MIN.

Rigatoni kochen. • Knoblauch abziehen und fein hacken. • In 2 EL Öl anbraten. • Linsen und gehackte Tomaten dazugeben. • Salzen und pfeffern. • 10 Min. köcheln lassen. • Basilikumblätter in Streifen schneiden und unter die Bolognese heben. • Spaghetti mit der Linsen-Bolognese auf tiefe Teller verteilen. • Mit Parmesan bestreut servieren.

Nährwerte pro Portion:
450 kcal • 24 g E • 10 g F • 60 g KH • 6 KHE

TORTELLINI »MEDITERRAN«

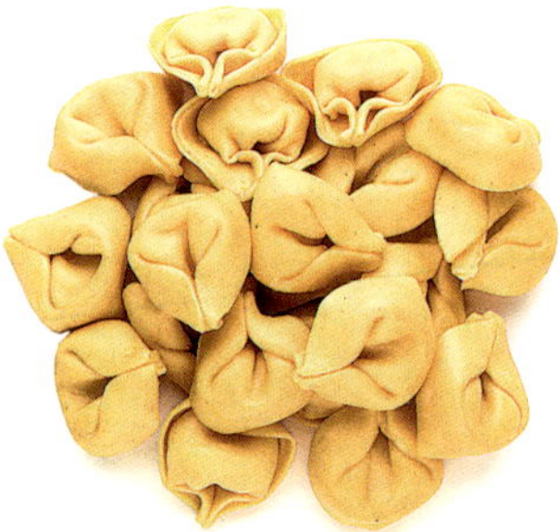

280 g frische
TORTELLINI

1
FENCHELKNOLLE (350 G)

1
ZUCCHINI

10
COCKTAILTOMATEN

2
KNOBLAUCHZEHEN

1 TL edelsüßes
PAPRIKAPULVER

AUS DEM VORRAT: OLIVENÖL • SALZ • PFEFFER

2 PORTIONEN

30 MIN.

Tortellini nach Packungsanleitung garen. • Gemüse waschen. • Fenchel putzen und in Streifen schneiden. • Zucchini in Scheiben schneiden. • Cocktailtomaten halbieren. • Knoblauch abziehen und fein hacken. • 2 EL Öl in einer Pfanne erhitzen. • Gemüse und Knoblauch darin anbraten. • Mit Paprika, Salz und Pfeffer würzen. • Tortellini untermischen und servieren.

Nährwerte pro Portion:
680 kcal • 25 g E • 20 g F • 91 g KH • 9 KHE

ÖL

Mehr als nur eine geballte Ladung Fett: Polyphenole aus Olivenöl schützen vor oxidativem Stress.

GNOCCHI-KÜRBIS-PFANNE

300 g
KARTOFFEL-GNOCCHI

400 g
HOKAIDO-KÜRBIS

4
FRÜHLINGSZWIEBELN

4 Zweige
GLATTE PETERSILIE

1 TL
HARISSA-PULVER

AUS DEM VORRAT: OLIVENÖL • SALZ • PFEFFER

2 PORTIONEN

30 MIN.

Kartoffel-Gnocchi garen. • Kürbis waschen, Kerne und Fasern entfernen. • Kürbisfleisch in feine Stücke schneiden. • Frühlingszwiebeln waschen, trocken tupfen, putzen und in Ringe schneiden. • Petersilie hacken. • Kürbisstücke in 2 EL Olivenöl rundum anbraten. • Harissa und Gnocchi dazugeben. • Petersilie und Frühlingszwiebeln unterheben. • Mit Salz und Pfeffer würzen.

Nährwerte pro Portion:
400 kcal • 9 g E • 11 g F • 63 g KH • 6 KHE

BOHNEN-CASSOULET

400 g WEIẞE BOHNEN (DOSE) — 400 g SÜẞKARTOFFELN — 600 g vollreife TOMATEN

1 ZWIEBEL — 1 KNOBLAUCHZEHE — 200 g FETA

AUS DEM VORRAT: SALZ • PFEFFER • OLIVENÖL

4 PORTIONEN

30 MIN. + 1 STD. 10 MIN. BACKEN

Bohnen abtropfen lassen. • Süßkartoffeln schälen und in Würfel schneiden. • Tomaten hacken. • Zwiebel und Knoblauch abziehen und fein hacken. • Alle Zutaten miteinander vermengen. • Mit Salz und Pfeffer würzen und mit 2 EL Öl vermengen. • In eine Auflaufform geben. • Mit Alufolie abdecken und auf der unteren Schiene ca. 1 Std. garen. • Alufolie entfernen. • Schafskäse zerbröseln, auf das Cassoulet geben und 10 Min. garen.

Nährwerte pro Portion:
400 kcal • 18 g E • 18 g F • 39 g KH • 4 KHE

ROTE-LINSEN-CURRY

2 kleine KOHLRABI — 1 Stange LAUCH — 100 g ROTE LINSEN

2 EL MADRAS-CURRY — 250 ml KOKOSMILCH (DOSE) — 1 EL SCHWARZKÜMMEL

AUS DEM VORRAT: OLIVENÖL • SALZ • PFEFFER

2 PORTIONEN

20 MIN.

Kohlrabi schälen und würfeln. • Lauch putzen und in Scheiben schneiden. • 2 EL Olivenöl erhitzen. • Linsen und Gemüse hineingeben und anschwitzen. • Curry einrühren. • Mit Kokosmilch ablöschen und zugedeckt 10 Min. köcheln lassen. • Mit Salz, Pfeffer und Curry würzen. • Auf 2 Teller verteilen und mit Schwarzkümmel bestreuen.

Tipp: Schwarzkümmel vorher anrösten.

Nährwerte pro Portion:
270 kcal • 13 g E • 12 g F • 26 g KH • 2 KHE

KICHERERBSEN-EINTOPF

200 g getrocknete
KICHERERBSEN

1 große
ZWIEBEL

200 g
MÖHREN

100 g
KNOLLENSELLERIE

200 g
KARTOFFELN

600 ml
HÜHNERBRÜHE

AUS DEM VORRAT: OLIVENÖL • SALZ • PFEFFER

2 PORTIONEN

15 MIN. + 50 MIN. KOCHEN + ÜBER NACHT EINWEICHEN

Kichererbsen über Nacht einweichen. • Zwiebel abziehen und fein hacken. • Möhren, Sellerie und Kartoffeln waschen, schälen und in feine Würfel schneiden. • 3 EL Öl in einem Topf erhitzen. • Zwiebel, Gemüsewürfel und Kichererbsen hinzugeben. • Unter Rühren leicht andünsten. • Mit Hühnerbrühe ablöschen und 50 Min. köcheln lassen. • Mit Salz und Pfeffer würzen.

Nährwerte pro Portion:
640 kcal • 28 g E • 26 g F • 70 g KH • 7 KHE

SCHNELLER ROTE-BOHNEN-EINTOPF

250 g
ROTE BOHNEN (DOSE)

150 g
MAIS (DOSE ODER TIEFGEKÜHLT)

3–4
FRÜHLINGSZWIEBELN

½ TL
CHILIPULVER

400 ml passierte
TOMATEN

1 TL gekörnte
GEMÜSEBRÜHE

AUS DEM VORRAT: OLIVENÖL • SALZ • PFEFFER

2 PORTIONEN

10 MIN. + 15 MIN. KOCHEN

Bohnen und Mais abtropfen lassen. • Frühlingszwiebeln in feine Ringe schneiden. • In einer Pfanne mit 2 EL Öl andünsten. • Mais und Bohnen hinzugeben. • Mit Chilipulver bestäuben. • Kurz dünsten. • Passierte Tomaten einrühren und mit der Brühe würzen. • Bei mittlerer Hitze ca. 15 Min. köcheln lassen. • Mit Salz, Pfeffer und Chilipulver abschmecken.

Nährwerte pro Portion:
340 kcal • 18 g E • 12 g F • 40 g KH • 4 KHE

INDISCHER SPINATKÄSE

500 g
SPINAT

3 cm
INGWER

1 grüne
PEPERONI

1 TL
GARAM MASALA

80 ml
SAHNE (30 % FETT)

200 g
PANEER (INDISCHER KÄSE)

AUS DEM VORRAT: OLIVENÖL • SALZ • PFEFFER

2 PORTIONEN

35 MIN.

Spinat waschen und klein schneiden. • Ingwer und Peperoni fein hacken. • 2 EL Öl in einem Topf erhitzen. • Ingwer und Peperoni anbraten. • Mit Garam Masala, Salz und Pfeffer würzen. • Spinat hinzugeben und zusammenfallen lassen. • Sahne angießen. • Paneer in Scheiben schneiden und darin erwärmen. • Mit Reis servieren.

Tipp: Paneer erhalten Sie in im Asialaden. Feta ist eigentlich zu salzig, geht aber auch.

Nährwerte pro Portion:
360 kcal • 13 g E • 30 g F • 7 g KH • 1 KHE

SCHNELLES KICHERERBSEN-CURRY

250 g KICHERERBSEN (DOSE) — *1 cm* INGWER — *2* KNOBLAUCHZEHEN

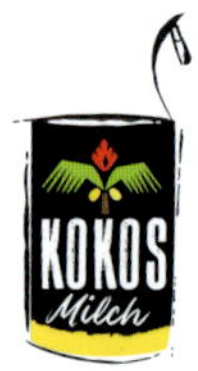

1 EL CURRY — *200 g geschälte* TOMATEN (DOSE) — *200 ml* KOKOSMILCH (DOSE)

AUS DEM VORRAT: OLIVENÖL • SALZ • PFEFFER

2 PORTIONEN

30 MIN.

Kichererbsen auf ein Sieb geben, abbrausen und abtropfen lassen. • Ingwer schälen und fein hacken. • Knoblauchzehen abziehen und fein hacken. • 2 EL Olivenöl erhitzen. • Knoblauch und Ingwer anschwitzen, mit Curry bestäuben. • Kichererbsen hinzufügen und kurz andünsten. • Geschälte Tomaten und Kokosmilch hinzufügen. • Aufkochen und 10 Min. ohne Deckel einköcheln lassen. • Mit Salz, Pfeffer und Curry abschmecken.

Nährwerte pro Portion:

500 kcal • 13 g E • 35 g F • 34 g KH • 3 KHE

TUNESISCHE KICHERERBSENSUPPE

250 g KICHERERBSEN (DOSE) — *3 Stangen* SELLERIE — *2 gelbe* PAPRIKA

5 EL TOMATENMARK — *1 TL rosenscharfes* PAPRIKAPULVER — *300 ml* GEMÜSEBRÜHE

AUS DEM VORRAT: OLIVENÖL • SALZ • PFEFFER

2 PORTIONEN

30 MIN.

Kichererbsen auf ein Sieb geben, abbrausen und abtropfen lassen. • Sellerie und Paprika waschen, putzen und in kleine Würfel schneiden. • 2 EL Olivenöl in einer Pfanne erhitzen. • Sellerie und Paprika andünsten, Kichererbsen hinzufügen. • Mit Tomatenmark, Salz, Pfeffer und Paprika würzen. • Gemüsebrühe hinzugeben und 15 Min. köcheln lassen. • Nochmals mit den Gewürzen abschmecken.

Nährwerte pro Portion:

310 kcal • 12 g E • 13 g F • 32 g KH • 30 KHE

MEXIKANISCHER BOHNENEINTOPF

250 g KIDNEYBOHNEN (DOSE) — *100 g* MAIS (DOSE) — *1 Stange* LAUCH

2 rote PAPRIKA — *250 ml passierte* TOMATEN — *einige Spritzer* TABASCO

AUS DEM VORRAT: OLIVENÖL • SALZ • PFEFFER

2 PORTIONEN

30 MIN.

Kidneybohnen und Mais in ein Sieb gießen und abspülen. • Lauch putzen und in feine Ringe schneiden. • Paprika putzen und in feine Würfel schneiden. • 2 EL Olivenöl in einem Topf erhitzen. • Lauch und Paprika andünsten. • Kidneybohnen und Mais hinzugeben. • Mit Tomaten ablöschen. • Mit Salz, Pfeffer und Tabasco kräftig würzen. • Ca. 15 Min. köcheln lassen, nochmal abschmecken und servieren.

Nährwerte pro Portion:
320 kcal • 18 g E • 12 g F • 34 g KH • 3 KHE

OMAS LINSENSUPPE

½ Stange LAUCH — *2* MÖHREN — *300 g* KARTOFFELN

250 g TELLERLINSEN (DOSE) — *200 ml* BRÜHE — *1 EL* WEIßWEINESSIG

AUS DEM VORRAT: OLIVENÖL • SALZ • PFEFFER

2 PORTIONEN

40 MIN.

Lauch putzen und in Ringe schneiden. • Möhren und Kartoffeln schälen und in Würfel schneiden. • 2 EL Olivenöl in einem Topf erhitzen. • Lauch, Möhren- und Kartoffelwürfel darin anschwitzen. • Linsen und Brühe hinzugeben und 30 Min. köcheln lassen. • Mit Salz, Pfeffer und Essig abschmecken.

Nährwerte pro Portion:
410 kcal • 17 g E • 11 g F • 58 g KH • 6 KHE

ROTE-LINSEN-COUSCOUS

50 g
ROTE LINSEN

250 ml
GEMÜSEBRÜHE

100 g
COUSCOUS

1 unbehandelte
ZITRONE

1
KNOBLAUCHZEHE

6 Zweige
GLATTE PETERSILIE

AUS DEM VORRAT: OLIVENÖL • SALZ • PFEFFER

2 PORTIONEN

30 MIN.

Linsen in der Gemüsebrühe bissfest garen. • Couscous dazugeben, vom Herd nehmen und quellen lassen. • Zitrone waschen und 2 Streifen Schale mit dem Sparschäler entfernen. • Zitrone halbieren und den Saft auspressen. • Knoblauch abziehen und hacken. • Petersilie hacken. • Couscous mit einer Gabel auflockern. • Zitronensaft, Knoblauch, Petersilie, 2 EL Öl, Salz und Pfeffer untermengen. • Mit Zitronenschale garniert servieren.

Nährwerte pro Portion:
360 kcal • 13 g E • 12 g F • 47 g KH • 5 KHE

Linsen

Von wegen Arme-Leute-Essen!
Reicher Mineralstoff-Lieferant
trifft es da schon eher.

SPINAT-BUCHWEIZEN-RISOTTO

1
ZWIEBEL

1
KNOBLAUCHZEHE

160 g
BUCHWEIZEN

500 ml
GEMÜSEBRÜHE

150 g
BABYSPINAT

30 g geriebener
PARMESAN

AUS DEM VORRAT: OLIVENÖL • SALZ • PFEFFER

2 PORTIONEN

40 MIN.

Zwiebel und Knoblauch abziehen und fein hacken. • 2 EL Öl in einem Topf erhitzen. • Zwiebel und Knoblauch darin dünsten. • Buchweizen hinzugeben und anbraten. • Mit Brühe ablöschen und ca. 15 Min. garen. • Spinat waschen und putzen. • Unter den gegarten Buchweizenrisotto geben. • Mit Salz und Pfeffer abschmecken. • Auf 2 Teller verteilen und mit Parmesan bestreuen.

Nährwerte pro Portion:
450 kcal • 17 g E • 17 g F • 60 g KH • 6 KHE

Spinat

Bereits eine Portion (200 Gramm) der grünen Blätter deckt den Tagesbedarf an Folsäure.

ZUCCHINI-RISOTTO

- 1 SCHALOTTE
- 1 KNOBLAUCHZEHE
- 300 g ZUCCHINI

- 120 g RISOTTOREIS
- 400 ml GEMÜSEBRÜHE
- 30 g KÜRBISKERNE

AUS DEM VORRAT: OLIVENÖL • SALZ • PFEFFER

2 PORTIONEN

40 MIN.

Schalotte und Knoblauch abziehen und fein hacken. • Zucchini waschen, putzen und in kleine Würfel schneiden. • 3 EL Olivenöl im Topf erhitzen. • Schalotte, Knoblauch und Zucchiniwürfel darin andünsten. • Risottoreis hinzufügen. • Alles verrühren. • Sobald der Reis glasig ist, Gemüsebrühe hinzugeben und 15 Min. garen. • Kürbiskerne mit einem großen Messer fein hacken. • Risotto nochmals abschmecken. • Mit Kürbiskernen bestreut servieren.

Nährwerte pro Portion:
430 kcal • 10 g E • 17 g F • 60 g KH • 6 KHE

HIRSE-RISOTTO MIT ERBSEN

- 120 g HIRSE
- 1 SCHALOTTE
- 350 ml GEMÜSEBRÜHE

- 100 g ERBSEN (FRISCH ODER TIEFGEKÜHLT)
- 4–6 Stiele KRAUSE PETERSILIE
- 50 g frisch geriebener PARMESAN

AUS DEM VORRAT: OLIVENÖL • SALZ • PFEFFER

2 PORTIONEN

40 MIN.

Hirse in einem Sieb abspülen und abtropfen lassen. • Schalotte abziehen, fein hacken. • 2 EL Öl in einem Topf erhitzen. • Schalotte glasig dünsten. • Mit Gemüsebrühe ablöschen. • Hirse hinzugeben. Salzen und pfeffern. • 15 Min. köcheln lassen. • Erbsen einrühren, 10 Min. köcheln lassen. • Petersilie waschen, trocken schütteln, fein hacken und unter das Risotto heben. • Mit Salz und Pfeffer abschmecken. • Mit Parmesan bestreut servieren.

Nährwerte pro Portion:
440 kcal • 18 g E • 22 g F • 46 g KH • 5 KHE

BROKKOLI-FISCH-PFANNE

300 g ROTBARSCH — Saft von ½ ZITRONE — 300 g BROKKOLI

40 g SPECKWÜRFEL — 100 g CRÈME FRAÎCHE — 6 Zweige DILL

AUS DEM VORRAT: OLIVENÖL • SALZ • PFEFFER

2 PORTIONEN

40 MIN.

Rotbarsch waschen und trocken tupfen • In Portionsstücke schneiden, salzen und pfeffern. Mit Zitronensaft beträufeln. • Brokkoli waschen, putzen, in kleine Röschen schneiden. • In Salzwasser ca. 10 Min. garen. • 2 EL Olivenöl erhitzen. • Fischstücke von allen Seiten goldbraun braten. • Brokkoli und Speckwürfel hinzufügen und braten. • Dill fein hacken. • Crème fraîche, Dill und Zitronensaft unter den Fisch mengen. • Mit Salz und Pfeffer abschmecken.

Nährwerte pro Portion:
560 kcal • 36 g E • 43 g F • 8 g KH • 1 KHE

SCHARFE FISCHPFANNE

300 g KABELJAU-RÜCKENFILET — 1 KNOBLAUCHZEHE — 2 gelbe PAPRIKA

2 TOMATEN — 5 EL AJVAR — 50 g SAURE SAHNE

AUS DEM VORRAT: OLIVENÖL • SALZ • PFEFFER

2 PORTIONEN

30 MIN.

Fisch waschen, trocken tupfen, in Portionsstücke schneiden. Salzen und pfeffern. • Knoblauch abziehen, fein hacken. • Paprika waschen, putzen, in feine Streifen schneiden. • Tomaten waschen, Stielansätze entfernen, würfeln. • 2 EL Öl erhitzen. • Knoblauch, Paprika und Tomaten darin weich dünsten. • Fisch auf das Gemüse setzen und bei geschlossenem Deckel 5–8 Min. garen. • Ajvar einrühren. Salzen und pfeffern. • Mit saurer Sahne servieren.

Nährwerte pro Portion:
330 kcal • 30 g E • 17 g F • 13 g KH • 1 KHE

GEMÜSENUDELN MIT LACHSWÜRFELN

2 MÖHREN

1 ZUCCHINI

3 FRÜHLINGSZWIEBELN

250 g LACHSFILET

1 TL CURRY

2 EL DOPPELRAHMFRISCHKÄSE

AUS DEM VORRAT: OLIVENÖL • SALZ • PFEFFER

2 PORTIONEN

20 MIN.

Möhren schälen. • Zucchini und Frühlingszwiebeln putzen, waschen. • Möhren und Zucchini mit einem Gemüsehobel längs in Streifen hobeln. • Frühlingszwiebeln längs in Streifen schneiden. • Lachs waschen, trocken tupfen und würfeln. • 2 EL Öl in einer Pfanne erhitzen. • Lachswürfel darin unter Wenden ca. 5 Min. braten. • Gemüsestreifen dazugeben und ca. 2 Min. dünsten. • Mit Curry, Salz und Pfeffer würzen. • Frischkäse unterrühren und nochmals abschmecken.

Nährwerte pro Portion:
430 kcal • 30 g E • 28 g F • 13 g KH • 1 KHE

PUTENSTREIFEN »ASIATISCH«

250 g PUTENBRUST — 2 KNOBLAUCHZEHEN — je 1 rote und gelbe PAPRIKA

1 AUBERGINE — 1 EL GARAM MASALA — 100 ml KOKOSMILCH (DOSE)

AUS DEM VORRAT: OLIVENÖL • SALZ • PFEFFER

2 PERSONEN

30 MIN.

Putenbrust abbrausen, trocken tupfen und in dünnen Streifen schneiden. • Knoblauch abziehen und fein hacken. • Gemüse waschen, putzen und in Stücke schneiden. • 2 EL Olivenöl in einem Wok erhitzen. • Fleisch darin scharf anbraten. • Knoblauch und Gemüse hinzugeben. • Mit Salz, Pfeffer und Garam Marsala würzen. • Braten, bis das Fleisch durchgegart und das Gemüse noch bissfest ist. • Kokosmilch angießen, verrühren, mit Salz und den Gewürzen abschmecken.

Nährwerte pro Portion:
310 kcal • 34 g E • 12 g F • 14 g KH • 1 KHE

KNOBLAUCHHÄHNCHEN

1 AUBERGINE — 2 rote ZWIEBELN — 2 KNOBLAUCHZEHEN

250 g HÄHNCHENBRUSTFILET — 6 EL AJVAR — 100 g GRIECHISCHER JOGHURT (10 % FETT)

AUS DEM VORRAT: SALZ • PFEFFER • OLIVENÖL

2 PERSONEN

30 MIN.

Aubergine waschen und würfeln. • Zwiebel und Knoblauch abziehen und fein hacken. • Hähnchen waschen, trocken tupfen, würfeln, salzen und pfeffern. • In einer Pfanne in 2 EL heißem Olivenöl von allen Seiten kross braten. • Ajvar untermengen. • Aus der Pfanne nehmen. • Zwiebel in derselben Pfanne andünsten. Aubergine und Knoblauch darin 10 Min. braten herausnehmen. Unter das Hähnchen mengen. • Joghurt unterheben und auf 2 Teller verteilen.

Tipp: Als Beilage passt Reis oder Bulgur.

Nährwerte pro Portion:
340 kcal • 34 g E • 18 g F • 10 g KH • 1 KHE

RINDERFILET »ITALIENISCH«

- *200 g* RINDERFILET
- *200 g* COCKTAILTOMATEN
- *2* KNOBLAUCHZEHEN

- *1 Handvoll* BASILIKUM
- *3 EL* RICOTTA
- *2 EL* MARSALA

AUS DEM VORRAT: OLIVENÖL • SALZ • PFEFFER

2 PORTIONEN

30 MIN.

Rinderfilet in sehr dünne Streifen schneiden. • Tomaten waschen und halbieren. • Knoblauch abziehen und fein hacken. • Basilikum waschen und fein hacken. • Filetstreifen salzen und pfeffern. • In einer Pfanne in 2 EL heißem Olivenöl von allen Seiten kross braten. • Knoblauch und Tomaten hinzugeben. • Ricotta unterrühren. • Mit Masala, Salz und Pfeffer abschmecken. • Zum Schluss das Basilikum unterheben.

Tipp: Anstelle von Marsala können Sie auch Sherry oder Sojasauce verwenden.

Nährwerte pro Portion:
270 kcal • 24 g E • 16 g F • 6 g KH • 1 KHE

FILETTOPF MIT PILZEN

- *250 g* SCHWEINFILET
- *1* SCHALOTTE
- *200 g* BRAUNE CHAMPIGNONS

- *¼ Bund* KRAUSE PETERSILIE
- *1 EL* SENF
- *40 g* DOPPELRAHM-FRISCHKÄSE

AUS DEM VORRAT: SALZ • OLIVENÖL • PFEFFER

2 PERSONEN

30 MIN.

Schweinefilet in 2–3 cm dicke Scheiben schneiden. • Schalotte abziehen und fein würfeln. • Champignons putzen und blättrig schneiden. • Petersilie hacken. • Filet salzen. • In einer Pfanne in 1 EL heißem Öl von beiden Seiten 3 Min. braten, herausnehmen. • Schalotte und Champignons in derselben Pfanne in 1 EL Öl 3 Min. braten. • Senf und Frischkäse einrühren. • Fleisch zurück in die Pfanne geben und erwärmen. • Mit Salz, Pfeffer und Senf abschmecken. • Petersilie darüberstreuen.

Nährwerte pro Portion:
330 kcal • 34 g E • 20 g F • 2 g KH • 0 KHE

SCHARFER RINDFLEISCH-WOK

250 g
PRINZESSBOHNEN

300 g
RINDERFILET

1
CHILISCHOTE

2
ZWIEBELN

8 getrocknete
TOMATEN IN ÖL

2 EL
SOJASAUCE

AUS DEM VORRAT: OLIVENÖL • SALZ • PFEFFER

2 PORTIONEN

35 MIN.

Bohnen waschen, putzen und blanchieren. • Fleisch in feine Streifen quer zur Faser schneiden. • Chili putzen und in Ringe schneiden. • Zwiebeln abziehen und in Streifen schneiden. • Tomaten würfeln. • 2 EL Olivenöl im Wok erhitzen. • Fleisch anbraten, würzen und herausnehmen. • Dann Zwiebeln, Chili und Bohnen anbraten. • Fleisch und Tomatenwürfel dazugeben. • Mit Sojasauce abschmecken.

Tipp: Statt Bohnen können Sie auch junge Erbsen verwenden.

Nährwerte pro Portion:
340 kcal • 37 g E • 17 g F • 10 g KH • 1 KHE

NOUGAT-PANNACOTTA MIT MANGO

4 Blatt weiße
GELATINE

250 ml
SAHNE (30 % FETT)

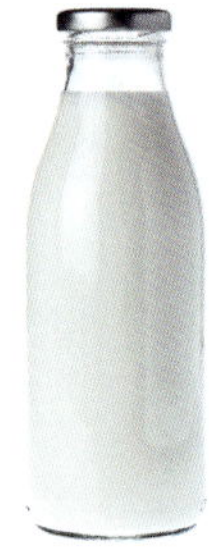

150 ml
MILCH (1,5 % FETT)

100 g
NOUGAT AM STÜCK

1
MANGO

2 Zweige
ZITRONENMELISSE

4 PORTIONEN

15 MIN. +
3–4 STD.
KÜHLEN

Gelatine in kaltem Wasser einweichen. • In einem Topf Sahne, Milch und Nougat zu einer homogenen Flüssigkeit verrühren. • Gelatine ausdrücken und in die heiße Flüssigkeit einrühren. • Massen auf 4 Schälchen verteilen. • Im Kühlschrank fest werden lassen. • Mango schälen und in sehr feine Würfel schneiden. • Blätter von der Zitronenmelisse abzupfen. • Beides kurz vor dem Servieren auf die Pannacotta geben.

Nährwerte pro Portion:
390 kcal • 7 g E • 29 g F • 24 g KH • 2 KHE

KOKOSGRIESSBREI MIT ERDBEEREN

300 ml
KOKOSMILCH (MIT REISANTEIL)

30 g
VOLLKORNGRIEß

15 g
KOKOSBLÜTENZUCKER

150 g
ERDBEEREN

5 g
KOKOSRASPEL

2 PORTIONEN

25 MIN.

Kokosmilch in einem Topf aufkochen. • Grieß einstreuen und unter Rühren 2 Min. köcheln lassen. • 1 EL Kokosblütenzucker einrühren. • Quellen lassen. • In 2 Schälchen geben und auskühlen lassen. • Erdbeeren waschen, putzen und vierteln. • Mit 1 TL Kokosblütenzucker bestreuen. • Auf dem ausgekühlten Grießbrei verteilen. • Mit Kokosraspeln verzieren.

Nährwerte pro Portion:
130 kcal • 3 g E • 2 g F • 24 g KH • 2 KHE

KARAMELLISIERTE GRAPEFRUITS

2 rosafarbene
GRAPEFRUITS

2 EL
BRAUNER ZUCKER

2 PORTIONEN

10 MIN.

Backofen auf 200 °C bzw. Grillstufe vorheizen. • Grapefruits halbieren. • Mit dem Messer entlang der Haut und der Schale schneiden, sodass sich die Grapefruitsegmente leicht lösen lassen. • Jeweils ½ EL Zucker auf die Schnittflächen streuen. • Grapefruithälften mit den Schnittflächen nach oben auf ein mit Backpapier ausgelegtes Backblech setzen und ca. 5 Min. karamellisieren lassen. • Karamellisierte Grapefruit etwas abkühlen lassen und servieren.

Nährwerte pro Portion:
130 kcal • 2 g E • 0 g F • 29 g KH • 3 KHE

KAISERSCHMARRN

2
EIER

25 g
KOKOSBLÜTEN-
ZUCKER

100 g
DINKELVOLLKORNMEHL

120 ml
MILCH (1,5 % FETT)

10 g
BUTTER

etwas
PUDERZUCKER
ZUM BESTÄUBEN

AUS DEM VORRAT: SALZ

2 PORTIONEN

10 MIN.

Eier trennen. • Eiweiß steif schlagen. • Eigelbe mit Zucker und 1 Prise Salz cremig rühren. • Mehl abwechselnd mit Milch unterrühren, bis ein glatter Teig entsteht. • Eischnee unterheben. • Butter in einer Pfanne auf mittlerer Stufe erhitzen. • Teig darin ca. 2 Min. von unten goldbraun backen, wenden und weitere 2 Min. backen. • Vorsichtig mit 2 Gabeln in Stücke reißen. • Mit Puderzucker bestäubt servieren.

Tipp: Reichen Sie Apfelmus dazu.

Nährwerte pro Portion:
370 kcal • 16 g E • 13 g F • 48 g KH • 5 KHE

BLITZSCHNELLES BEEREN-EIS

300 g tiefgefrorene
BEERENMISCHUNG

250 g
QUARK (20 % FETT)

30 g
PUDERZUCKER

15 g
VANILLEZUCKER

4 PORTIONEN

5 MIN.

Beeren gefroren in einen leistungsstarken Mixer geben und pürieren. • Quark, Puderzucker und Vanillezucker dazugeben und erneut mixen.

Tipp: Statt Quark können Sie auch Kokosmilch aus der Dose verwenden.

Nährwerte pro Portion:
280 kcal • 17 g E • 7 g F • 34 g KH • 3 KHE

HIMBEER-HAFERFLOCKEN-KUGELN

100 g entsteinte
SOFT-DATTELN

50 g blütenzarte
HAFERFLOCKEN

50 g gefrorene oder frische
HIMBEEREN

25 g
CASHEWMUS

1 TL
CHIASAMEN

30 g
KOKOSRASPEL

10–12 KUGELN

30 MIN. +
MIND. 1 STD.
KÜHLEN

Datteln würfeln. • Mit Haferflocken, Himbeeren, Cashewmus und Chiasamen in einem Mixer zu einer klebrigen Masse pürieren. • Mit feuchten Händen aus dem Teig Bällchen formen. • In Kokosraspeln wälzen. • Mind. 1 Std. oder über Nacht kalt stellen, damit sie etwas fester werden.

Tipp: Sind die Datteln sehr trocken, in Wasser einweichen. Überschüssige Wasser abgießen.

Nährwerte pro Kugel:
80 kcal • 2 g E • 4 g F • 10 g KH • 1 KHE

SPANISCHER ORANGENKUCHEN

500 g unbehandelte
BLUTORANGEN

Für die Form
BUTTER

5
EIER

200 g
BRAUNER ZUCKER

250 g gemahlene
MANDELN

1 unbehandelte
BLUTORANGE

10 STÜCKE
(SPRINGFORM
24 CM Ø)

40 MIN.
+ 45 MIN.
BACKEN

Orangen waschen, mit Schale klein schneiden. • Mit etwas Wasser zugedeckt ca. 30 Min. leicht köcheln lassen, fein pürieren. • Backofen auf 180 °C vorheizen. • Eier trennen. • Eiweiß steif schlagen, 100 g Zucker einrieseln lassen. • Eigelbe mit 100 g Zucker aufschlagen. • Orangenpüree und Mandeln unterheben • Dann Eiweiß unterheben. • Teig in eine eingefettete Springform geben. • Orange in Scheiben geschnitten darauf verteilen. • 45 Min. backen.

Nährwerte pro Stück:
290 kcal • 10 g E • 16 g F • 26 g KH • 3 KHE

KÄSEKUCHEN IM GLAS

500 g QUARK (MAGERSTUFE)

100 g BRAUNER ZUCKER

3 EIER (GRÖßE M)

100 g weiche BUTTER

150 ml MILCH (1,5 % FETT)

1 Päckchen VANILLEPUDDINGPULVER ZUM KOCHEN

5 WECKGLÄSER À 370 ML

10 MIN + 40 MIN. BACKEN

Backofen auf 150 °C vorheizen. • Alle Zutaten zu einer homogenen Masse verrühren. • Auf 5 Weckgläser verteilen. • Käsekuchen in offenen Gläsern ca. 40 Min. backen. Die Kuchen sollten leicht goldbraun sein.

Tipp: Kuchen steigt über den Glasrand, fällt jedoch beim Abkühlen zusammen.

Nährwerte pro Portion:
370 kcal • 19 g E • 21 g F • 26 g KH • 3 KHE

SCHOKO-ZUCCHINI-MUFFINS

100 g ZUCCHINI

1 EI (GRÖßE M)

80 g flüssiger HONIG

100 g DINKELMEHL (TYPE 630)

15 g BACKKAKAO

2 EL MILCH (1,5 % FETT)

AUS DEM VORRAT: OLIVENÖL • BACKPULVER

6 STÜCK

15 MIN. + 25 MIN BACKEN

Backofen auf 180 °C vorheizen. • Zucchini waschen und raspeln. • Ei mit 40 ml Öl schaumig schlagen. • Honig unterrühren. • Mehl, 1 TL Backpulver und Kakao vermengen. • Abwechselnd Mehlmischung und Zucchini unterheben. • Milch unterrühren. • Auf 6 mit Förmchen ausgekleidete Mulden verteilen. • Muffins ca. 25 Min. backen

Tipp: Gehaltvoller werden die Muffins mit zusätzlich 50 g Zartbitterschokoladen-Tropfen.

Nährwerte pro Stück:
190 kcal • 4 g E • 8 g F • 23 g KH • 2 KHE

PFLAUMEN-STREUSELKUCHEN

1,2 kg PFLAUMEN — *500 g* DINKELMEHL (TYPE 630) — *250 g* BRAUNER ZUCKER

250 g BUTTER — *3* EIER (GRÖßE M) — *180 ml* MILCH (1,5 % FETT)

AUS DEM VORRAT: BACKPULVER • SALZ

12 STÜCKE (SPRINGFORM 24 CM Ø)

40 MIN. +55 MIN. BACKEN

Pflaumen entsteinen, mit 2 EL Mehl bestäuben. • Backofen auf 180 °C vorheizen. • Aus 100 g Zucker, 150 g Mehl und 100 g Butter Streusel herstellen. • Restliche Butter und restlichen Zucker mit Eiern schaumig aufschlagen. • Milch, restliches Mehl, 1 Päckchen Backpulver und 1 Prise Salz abwechselnd unterrühren. • Teig in eine mit Backpapier ausgelegte Springform geben. • Pflaumen darauf verteilen, Streusel darübergeben. • Ca. 55 Min. backen.

Nährwerte pro Stück:
440 kcal • 8 g E • 20 g F • 60 g KH • 6 KHE

TARTE TATIN

200 g DINKELMEHL (TYPE 630) — *150 g* BUTTER — *120 g* BRAUNER ZUCKER

750 g ÄPFEL

AUS DEM VORRAT: SALZ

12 STÜCKE (SPRINGFORM 24 CM Ø)

40 MIN. + 1,5 STD. RUHEN + 40 MIN. BACKEN

Aus Mehl, 100 g Butter, 3–4 EL Wasser und 1 Prise Salz eine Kugel kneten. • 1,5 Std. im Kühlschrank ruhen lassen. • 100 g Zucker mit 1 EL Wasser karamellisieren. • Karamell auf dem gefetteten Springformboden verteilen. • Äpfel schälen, in Spalten schneiden, kreisförmig darauflegen. • Restlichen Zucker darüberstreuen. • Restliche Butter als Flöckchen darübergeben. • Teig ausrollen, auf die Äpfel legen, am Rand bis zum Boden drücken. • Bei 220 °C 40 Min backen.

Nährwerte pro Portion:
230 kcal • 2 g E • 11 g F • 30 g KH • 3 KHE

HAFER-CRANBERRY-RIEGEL

100 g getrocknete
CRANBERRYS

50 g
WALNÜSSE

50 g
BUTTER

120 g
HONIG

150 g
HAFERFLOCKEN

25 g
KOKOSFLOCKEN

20 STÜCK

15 MIN. +
18. MIN.
BACKEN

Backofen auf 170 °C vorheizen. • Cranberrys und Walnüsse fein hacken. • Butter in einem kleinen Topf unter Rühren schmelzen. • Honig einlaufen lassen. • Haferflocken, Cranberrys, Walnüsse und 20 g Kokosflocken einrühren. • Backform (18 × 30 cm) einfetten, mit wenigen Kokosflocken ausstreuen. • Masse hineingeben und fest andrücken. • Ca. 18 Min. backen. • 10 Min. abkühlen lassen, zu Riegeln schneiden.

Nährwerte pro Portion:
110 kcal • 2 g E • 6 g F • 13 g KH • 1 KHE

Haferflocken

Mit Abstand das gesündeste Getreide!

MANDEL-HAFERFLOCKEN-CROSSYS

100 g
ZARTBITTERSCHOKOLADE

100 g
MANDELSTIFTE

50 g kernige
HAFERFLOCKEN

1 Msp.
ZIMT

1 Msp.
KARDAMOM

15 STÜCK

30 MIN.

Zartbitterschokolade im Wasserbad schmelzen. • Mandelstifte mit Haferflocken ohne Zugabe von Fett goldbraun rösten. • Beides in die flüssige Schokolade geben. • Mit Zimt und Kardamom würzen. • Alles verrühren, bis alle Zutaten mit Schokolade überzogen sind. • Mit einem Esslöffel Häufchen auf Papier geben und abkühlen lassen. Die Crossys können Sie bis zu 4 Wochen kühl und dunkel aufbewahren.

Nährwerte pro Portion:
45 kcal • 2 g E • 3 g F • 3 g KH • 0,5 KHE

SHORTBREAD

100 g
BUTTER

1 EL
BRAUNER ZUCKER

35 g
PUDERZUCKER

½ TL
VANILLEEXTRAKT

125 g
DINKELMEHL TYPE 630

1 TL
STÄRKE

AUS DEM VORRAT: SALZ

10 STÜCKE

15 MIN.
+ 1 STD. RUHEN
+ 25 MIN.
BACKEN

Butter mit braunem Zucker, 1 Prise Salz und Puderzucker verrühren. • Vanilleextrakt, Mehl und Stärke hinzugeben, zu einem glatten Teig kneten. • Teig auf Frischhaltefolie zu einem Rechteck (1,5 cm dick) ausrollen. • Im Kühlschrank 1 Std. ruhen lassen. • Backofen auf 200 °C vorheizen. • Backblech mit Backpapier belegen. • Aus dem Teig längliche Kekse (ca. 2 × 5 cm) schneiden, aufs Blech setzen, mit der Gabel Löcher einstechen. • Ca. 25 Min. backen.

Nährwerte pro Portion:
140 kcal • 2 g E • 8 g F • 14 g KH • 1,5 KHE

SCHNELLE LEBKUCHEN

500 g WEIZENVOLLKORNMEHL

300 g BRAUNER ZUCKER

2 EL BACKKAKAO

1 TL ZIMT

20 g LEBKUCHENGEWÜRZ

700 ml MILCH (1,5 % FETT)

AUS DEM VORRAT: BACKPULVER • OLIVENÖL

30 STÜCKE

20 MIN. + 25 MIN. BACKEN

Backofen auf 180 °C vorheizen. • Mehl, Zucker, Kakao, Zimt, Lebkuchengewürz und 1 Päckchen Backpulver in einer Rührschüssel gründlich miteinander verrühren. • Milch mit 4 EL Öl unter Rühren hinzufügen. • So lange rühren, bis alle Zutaten miteinander verbunden sind. • Teig auf ein eingefettetes und bemehltes Backblech geben, glatt streichen und im Ofen ca. 25 Min. backen (Stäbchenprobe machen). • In kleine Quadrate (ca. 5 × 5 cm) schneiden.

Nährwerte pro Portion:
120 kcal • 3 g E • 2 g F • 21 g KH • 2 KHE

GEFÜLLTE WALNÜSSE

50 g ROSINEN

50 ml CALVADOS

200 g ZARTBITTER-KUVERTÜRE

100 g MARZIPAN-ROHMASSE

1 Msp. geriebener MUSKAT

200 g WALNÜSSE

20 STÜCK

40 MIN. + 12 STD. EINWEICHEN + 1 STD. TROCKNEN

Rosinen über Nacht in Calvados einweichen. • Kuvertüre hacken. • Über warmem Wasser schmelzen, etwas abkühlen lassen. • Rosinen abtropfen lassen, Einweichflüssigkeit auffangen. • Rosinen fein hacken. • Mit Marzipan, Muskat und ein wenig Einweichflüssigkeit zu einem geschmeidigen Teig verkneten. • Daraus Stücke formen und zwischen zwei Walnusshälften drücken. • Gefüllte Walnüsse ganz oder zur Hälfte in die Kuvertüre eintauchen. • Auf Backpapier trocknen lassen.

Nährwerte pro Portion:
160 kcal • 3 g E • 12 g F • 9 g KH • 1 KHE

Rezeptverzeichnis

Sachverzeichnis

Quellen der Stockfotos von stock.adobe.com

S. 19: Babyspinat: © New Africa/stock.adobe.com; Himbeeren: © maria_bk/stock.adobe.com; Linsen: © kolesnikovserg/stock.adobe.com; Haferflocken: © Natallia/stock.adobe.com; Leinsamen: © dule964/stock.adobe.com; Walnüsse: © Tatyana Sidyukova/stock.adobe.com; Olivenöl: © Africa Studio/stock.adobe.com; Lachs: © PhotoSG/stock.adobe.com; Tomaten: © OFC Pictures/stock.adobe.com
S. 28: Chiasamen: © photocrew/stock.adobe.com; Haferdrink: © baibaz/stock.adobe.com; Himbeeren: © maria_bk/stock.adobe.com; Passionsfrüchte: © mates/stock.adobe.com; Mandelstifte: © Moving Moment/stock.adobe.com; Kardamom: © domnitsky/stock.adobe.com
S. 28: Tee: © Maxal Tamor/stock.adobe.com; Haferflocken: © Natallia/stock.adobe.com; Zwetschen: © ilietus/stock.adobe.com; Honig: © Nata Studio/stock.adobe.com
S. 29: Banane: © Andrzej Tokarski/stock.adobe.com; Mango: © Reena/stock.adobe.com; Chiasamen: © photocrew/stock.adobe.com; Mandeldrink: © Pixel-Shot/stock.adobe.com; Naturjoghurt: © Coprid/stock.adobe.com
S. 29: Milch: © Roland Magnusson/stock.adobe.com; Quinoa: © koosen/stock.adobe.com; Datteln: © igra-design/stock.adobe.com; Orangen: © denira/stock.adobe.com; Walnüsse: © dule964/stock.adobe.com; Zimt: © ange1011/stock.adobe.com
S. 30: Leinsamen: © dule964/stock.adobe.com; Walnüsse: © dule964/stock.adobe.com; Naturjoghurt: © Coprid/stock.adobe.com; Apfel: © Markus Mainka/stock.adobe.com; Zitronensaft: © kitsananan Kuna/stock.adobe.com
S. 32: Maisgrieß: © oxie99/stock.adobe.com; Mandeldrink: © Pixel-Shot/stock.adobe.com; Bananen: © Yeti Studio/stock.adobe.com; Erythrit: © mayakova/stock.adobe.com; Haselnusskerne: © Peter Hermes Furian/stock.adobe.com; Kakaonibs: © ExQuisine/stock.adobe.com
S. 32: Sonnenblumenkerne: © Coprid/stock.adobe.com; Leinsamen: © dule964/stock.adobe.com; Chiasamen: © photocrew/stock.adobe.com; Flohsamenschalen: © canyonos/stock.adobe.com; Kokosöl: © Peter Hermes Furian/stock.adobe.com
S. 33: Haferflocken: © Natallia/stock.adobe.com; Sesam: © Viktor/stock.adobe.com; Leinsamen: © dule964/stock.adobe.com; Möhren: © angorius/stock.adobe.com; Rapsöl: © Markus Mainka/stock.adobe.com
S. 33: Eier: © ImagesMy/stock.adobe.com; Milch: © Roland Magnusson/stock.adobe.com; Parmaschinken: © Diana Taliun/stock.adobe.com; Schnittlauch: © Amy Lv/stock.adobe.com; Roggenvollkornbrot: © Tatiana Morozova/stock.adobe.com; Butter: © bigacis/stock.adobe.com
S. 34: Brokkoliröschen: © baibaz/stock.adobe.com; Erbsen: © ange1011/stock.adobe.com; Mozzarella: © Bozena Fulawka/stock.adobe.com; Eier: © ImagesMy/stock.adobe.com
S. 36: Avocado: © eyetronic/stock.adobe.com; Pinienkerne: © kolesnikovserg/stock.adobe.com; Tomaten: © bergamont/stock.adobe.com; Knoblauchzehe: © F.C.G./stock.adobe.com; Basilikum: © Jiri Hera/stock.adobe.com; Balsamico: © AlenKadr/stock.adobe.com
S. 38: Auberginen: © ChaoticDesign-Studio/stock.adobe.com; Paprikapulver: © nuttapongg/stock.adobe.com; Kurkuma: © sommai/stock.adobe.com; Mangopulver: © womue/stock.adobe.com; Garam Masala: © emuck/stock.adobe.com; Chilipulver: © supamas/stock.adobe.com
S. 38: Tomaten: © OFC Pictures/stock.adobe.com; Feta: © bigacis/stock.adobe.com; Putenbrust: © HandmadePictures/stock.adobe.com; Tortillafladen: © GCapture/stock.adobe.com; Krautsalat: © ExQuisine/stock.adobe.com; Joghurt: © Coprid/stock.adobe.com
S. 39: Basilikum: © Jiri Hera/stock.adobe.com; Tomaten: © Elzbieta Sekowska/stock.adobe.com; Haferschmelzflocken: © Natallia/stock.adobe.com; Eiweißpulver: © ExQuisine/stock.adobe.com; Mandeln: © joanna wnuk/stock.adobe.com; Kokosöl: © Peter Hermes Furian/stock.adobe.com
S. 39: Möhren: © angorius/stock.adobe.com; Weizenvollkornmehl: © curto/stock.adobe.com; Ei: © Pineapple studio/stock.adobe.com; Semmelbrösel: © photocrew/stock.adobe.com; Harissa-Pulver: © womue/stock.adobe.com
S. 40: Aubergine: © ChaoticDesign-Studio/stock.adobe.com; Tomaten: © OFC Pictures/stock.adobe.com; Knoblauchzehe: © F.C.G./stock.adobe.com; Parmesan: © maxsol7/stock.adobe.com; Basilikum: © Jiri Hera/stock.adobe.com
S. 42: Äpfel: © Natalja Stotika/stock.adobe.com; Zimt: © ange1011/stock.adobe.com; Zwiebel: © Vadym Boyshenko/stock.adobe.com; Kartoffeln: © Natika/stock.adobe.com; Ei: © Pineapple studio/stock.adobe.com
S. 42: Kichererbsen: © happy_author/stock.adobe.com; Zwiebel: © Vadym Boyshenko/stock.adobe.com; Knoblauchzehe: © F.C.G./stock.adobe.com; Koriandergrün: © Scisetti Alfio/stock.adobe.com; Kreuzkümmel: © Sylwia Brataniec/stock.adobe.com; Zitronensaft: © kitsananan Kuna/stock.adobe.com
S. 43: Zwiebel: © Vadym Boyshenko/stock.adobe.com; Haferflocken: © Natallia/stock.adobe.com; Milch: © Roland Magnusson/stock.adobe.com; Ei: © Pineapple studio/stock.adobe.com; Gouda: © Dmytro/stock.adobe.com; Paprikapulver: © nuttapongg/stock.adobe.com
S. 43: Quinoa: © koosen/stock.adobe.com; Süßkartoffeln: © kolesnikovserg/stock.adobe.com; Gemüsebrühe: © photosiber/stock.adobe.com; Kichererbsenmehl: © ExQuisine/stock.adobe.com; Chiasamen: © photocrew/stock.adobe.com;
S. 44: Zucchini: © tab62/stock.adobe.com; Knoblauchzehe: © F.C.G./stock.adobe.com; Stremel-Lachs: © Björn Wylezich/stock.adobe.com; Ei: © Pineapple studio/stock.adobe.com; Semmelbrösel: © photocrew/stock.adobe.com; Dill: © rdnzl/stock.adobe.com
S. 46: Brokkoli: © Paulista/stock.adobe.com; Zwiebel: © Vadym Boyshenko/stock.adobe.com; Tomaten: © Elzbieta Sekowska/stock.adobe.com; Sonnenblumenkerne: © Coprid/stock.adobe.com; Balsamico: © AlenKadr/stock.adobe.com
S. 48: Zuckerschoten: © womue/stock.adobe.com; Paprika: © MissesJones/stock.adobe.com; Möhren: © angorius/stock.adobe.com; Avocado: © photoz.at/stock.adobe.com; Kidneybohnen: © Markus Mainka/stock.adobe.com; Zitronensaft: © kitsananan Kuna/stock.adobe.com
S. 48: Frühlingszwiebeln: © sucharat/stock.adobe.com; Blumenkohl: © Lunipa/stock.adobe.com; Babyspinat: © New Africa/stock.adobe.com; Eier: © Rynio Productions/stock.adobe.com; Avocado: © photoz.at/stock.adobe.com; Zitronensaft: © kitsananan Kuna/stock.adobe.com
S. 49: Bulgur: © Diana Taliun/stock.adobe.com; Gemüsebrühe: © photosiber/stock.adobe.com; Kichererbsen: © Brad Pict/stock.adobe.com; Fleischtomaten: © hcast/stock.adobe.com; Gurke: © by-studio/stock.adobe.com; Feta: © bigacis/stock.adobe.com
S. 49: Falafel: © FomaA/stock.adobe.com; Eisbergsalat: © Viktor Lugovskoy/stock.adobe.com; Strauchtomaten: © OFC Pictures/stock.adobe.com; Mandeln: © Moving Moment/stock.adobe.com; Joghurt: © Coprid/stock.adobe.com; Orange: © Alexstar/stock.adobe.com
S. 50: Buchweizen: © lilkin/stock.adobe.com; Spargel: © kolesnikovserg/stock.adobe.com; Cocktailtomaten: © Torsten Dietrich/stock.adobe.com; Tofu: © Moving Moment/stock.adobe.com; Basilikum: © Jiri Hera/stock.adobe.com; Knoblauchzehe: © F.C.G./stock.adobe.com
S. 52: Möhren: © angorius/stock.adobe.com; Gurke: © by-studio/stock.adobe.com; Eisbergsalat: © Viktor Lugovskoy/stock.adobe.com; Putenbrust: © HandmadePictures/stock.adobe.com; Reispapier: © Coprid/stock.adobe.com; Chilisauce: © Igor Dudchak/stock.adobe.com
S. 54: Tomaten: © grey/stock.adobe.com; Vollkorntoast: © dule964/stock.adobe.com; Cocktailtomaten: © Torsten Dietrich/stock.adobe.com; Rucola: © margo555/stock.adobe.com; Weißweinessig: © Svetlana Kuznetsova/stock.adobe.com; Parmesan: © ange1011/stock.adobe.com
S. 56: Tomaten: © OFC Pictures/stock.adobe.com; Eisbergsalat: © Viktor Lugovskoy/stock.adobe.com; Feta: © bigacis/stock.adobe.com; Oliven: © Markus Mainka/stock.adobe.com; Zitronensaft: © kitsananan Kuna/stock.adobe.com
S. 56: Spargel: © Shawn Hempel/stock.adobe.com; Radieschen: © Cherries/stock.adobe.com; Babyspinat: © New Africa/stock.adobe.com; Apfelessig: © Roman Ivaschenko/stock.adobe.com; Senf: © BigNazik/stock.adobe.com; Honig: © Nata Studio/stock.adobe.com
S. 57: Rotkohl: © Björn Wylezich/stock.adobe.com; Möhren: © angorius/stock.adobe.com; Paprika:

© MissesJones/stock.adobe.com; Avocado: © eyetronic/stock.adobe.com; Zitone: © grey/stock.adobe.com; Sonnenblumenkerne: © Coprid/stock.adobe.com
S. 57: Fenchelknolle: © MP2/stock.adobe.com; Orangen: © denira/stock.adobe.com; Weißweinessig: © Svetlana Kuznetsova/stock.adobe.com; Frühlingszwiebel: © sucharat/stock.adobe.com; Pinienkerne: © kolesnikovserg/stock.adobe.com
S. 57: Weißweinessig: © Svetlana Kuznetsova/stock.adobe.com; Sojasauce: © Gresei/stock.adobe.com; Sriracha-Chilisauce: © Africa Studio/stock.adobe.com; Sesam: © Viktor/stock.adobe.com; Wirsing: © Serhiy Shullye/stock.adobe.com; Möhren: © angorius/stock.adobe.com
S. 60: Lachs: © PhotoSG/stock.adobe.com; Babyspinat: © New Africa/stock.adobe.com; Rote Bete: © ilietus/stock.adobe.com; Naturjoghurt: © Coprid/stock.adobe.com; Sesam: © Viktor/stock.adobe.com; Parmesan: © ange1011/stock.adobe.com
S. 62: Kartoffeln: © Natika/stock.adobe.com; Stangenbohnen: © Jacek Fulawka/stock.adobe.com; Thunfisch: © New Africa/stock.adobe.com; Kidneybohnen: © Markus Mainka/stock.adobe.com; Zitrone: © kitsananan Kuna/stock.adobe.com
S. 64: Zucchini: © tab62/stock.adobe.com; Möhren: © angorius/stock.adobe.com; Thymian: © Robyn Mackenzie/stock.adobe.com; Linsen: © kolesnikovserg/stock.adobe.com; Bergkäse: © ange1011/stock.adobe.com; Cocktailtomaten: © Torsten Dietrich/stock.adobe.com
S. 64: Kidneybohnen: © Markus Mainka/stock.adobe.com; Rettich: © sommai/stock.adobe.com; Apfel: © Markus Mainka/stock.adobe.com; Weißweinessig: © Svetlana Kuznetsova/stock.adobe.com; Senf: © BigNazik/stock.adobe.com
S. 65: Couscous: © Liaurinko/stock.adobe.com; Gemüsebrühe: © photosiber/stock.adobe.com; Paprika: © Petra Schueller/stock.adobe.com; Frühlingszwiebeln: © sucharat/stock.adobe.com; Obstessig: © Roman Ivaschenko/stock.adobe.com; Currypaste: © fkruger/stock.adobe.com
S. 65: Babyspinat: © New Africa/stock.adobe.com; Edamame: © torsakarin/stock.adobe.com; Avocado: © photoz.at/stock.adobe.com; Knoblauchzehe: © F.C.G./stock.adobe.com; Tahin: © Moving Moment/stock.adobe.com; Honig: © Nata Studio/stock.adobe.com
S. 66: Kichererbsen: © Brad Pict/stock.adobe.com; Brokkoli: © Paulista/stock.adobe.com; gelbe Paprika: © MissesJones/stock.adobe.com; rote Paprika: © Petra Schueller/stock.adobe.com; Zwiebel: © Vadym Boyshenko/stock.adobe.com; Ras-el-Hanout: © Creatus/stock.adobe.com; Naturjoghurt: © Coprid/stock.adobe.com
S. 68: Süßkartoffeln: © kolesnikovserg/stock.adobe.com; Ingwer: © Natika/stock.adobe.com; Knoblauchzehe: © F.C.G./stock.adobe.com; Curry: © exopixel/stock.adobe.com; Gemüsebrühe: © photosiber/stock.adobe.com
S. 70: Knoblauchzehe: © F.C.G./stock.adobe.com; Rote Bete: © ilietus/stock.adobe.com; Kartoffeln: © Natika/stock.adobe.com; Gemüsebrühe: © photosiber/stock.adobe.com; Meerrettich: © Bernd Schmidt/stock.adobe.com; Hafercreme: © bigacis/stock.adobe.com
S. 70: Zwiebel: © Vadym Boyshenko/stock.adobe.com; Tomatenmark: © Bernd Schmidt/stock.adobe.com; Tomaten: © m________k____/stock.adobe.com; Gemüsebrühe: © photosiber/stock.adobe.com; Sahne: © oriori/stock.adobe.com
S. 71: Blumenkohl: © Lunipa/stock.adobe.com; Zwiebel: © Vadym Boyshenko/stock.adobe.com; Kartoffel: © sommai/stock.adobe.com; Madras-Curry: © exopixel/stock.adobe.com; Gemüsebrühe: © photosiber/stock.adobe.com
S. 71: Möhren: © angorius/stock.adobe.com; Zwiebel: © Vadym Boyshenko/stock.adobe.com; Ingwer: © Natika/stock.adobe.com; Harissa-Pulver: © womue/stock.adobe.com; Gemüsebrühe: © photosiber/stock.adobe.com; Orangensaft: © innafoto2017/stock.adobe.com
S. 72: Knoblauchzehe: © F.C.G./stock.adobe.com; Ingwer: © Natika/stock.adobe.com; Babyspinat: © New Africa/stock.adobe.com; Möhren: © angorius/stock.adobe.com; Curry: © exopixel/stock.adobe.com; Glasnudeln: © eremin/stock.adobe.com
S. 74: Lauch: © PhotoEd/stock.adobe.com; Paprika: © Petra Schueller/stock.adobe.com; Zucchini: © tang90246/stock.adobe.com; Garnelen: © nataliazakharova/stock.adobe.com; Currypaste: © fkruger/stock.adobe.com
S. 76: Zucchini: © Tatiana/stock.adobe.com; Feta: © bigacis/stock.adobe.com; Knoblauchzehe: © F.C.G./stock.adobe.com; Oliven: © Markus Mainka/stock.adobe.com; Kräuter: © snesivan/stock.adobe.com; Rucola: © margo555/stock.adobe.com
S. 76: Knoblauchzehe: © F.C.G./stock.adobe.com; Kartoffeln: © Natika/stock.adobe.com; Muskat: © Diana Taliun/stock.adobe.com; Sahne: © oriori/stock.adobe.com; Milch: © Roland Magnusson/stock.adobe.com; Gemüsebrühe: © womue/stock.adobe.com
S. 77: Süßkartoffeln: © kolesnikovserg/stock.adobe.com; Paprikapulver: © nuttapongg/stock.adobe.com; Spitzpaprika: © Rhönbergfoto/stock.adobe.com; Walnüsse: © Tatyana Sidyukova/stock.adobe.com; Saure Sahne: © rufar/stock.adobe.com; Chilipulver: © supamas/stock.adobe.com
S. 77: Kürbis: © PIXbank/stock.adobe.com; Sesam: © Viktor/stock.adobe.com; Knoblauchzehe: © F.C.G./stock.adobe.com; Limette: © rimglow/stock.adobe.com; Avocado: © eyetronic/stock.adobe.com; Kreuzkümmel: © Sylwia Brataniec/stock.adobe.com
S. 78: Lauchstange: © PhotoEd/stock.adobe.com; Möhren: © angorius/stock.adobe.com; Linsen: © osoznaniejizni/stock.adobe.com; Walnüsse: © Tatyana Sidyukova/stock.adobe.com; Balsamico: © AlenKadr/stock.adobe.com; Ziegenfrischkäse: © Mara Zemgaliete/stock.adobe.com
S. 80: Röhrchennudeln: © Markus/stock.adobe.com; Linsen: © kolesnikovserg/stock.adobe.com; Gemüsebrühe: © photosiber/stock.adobe.com; Tomaten: © Elzbieta Sekowska/stock.adobe.com; Mangold: © Anna Sedneva/stock.adobe.com; Knoblauchzehen: © Christian Jung/stock.adobe.com
S. 82: Zucchini: © tab62/stock.adobe.com; Tomaten: © Moving Moment/stock.adobe.com; Paprikapulver: © nuttapongg/stock.adobe.com; Kräuter: © snesivan/stock.adobe.com; Möhren: © angorius/stock.adobe.com; Pinienkerne: © kolesnikovserg/stock.adobe.com
S. 82: Vollkornspaghetti: © domnitsky/stock.adobe.com; Knoblauchzehe: © F.C.G./stock.adobe.com; Tomaten: © Moving Moment/stock.adobe.com; Chilischote: © Tim UR/stock.adobe.com; Basilikum: © Jiri Hera/stock.adobe.com; Parmesan: © ange1011/stock.adobe.com
S. 83: Vollkornspaghetti: © domnitsky/stock.adobe.com; Tofu: © Moving Moment/stock.adobe.com; Knoblauchzehe: © F.C.G./stock.adobe.com; Hafercreme: © bigacis/stock.adobe.com; Limette: © baibaz/stock.adobe.com
S. 83: Rigatoni: © curto/stock.adobe.com; Knoblauchzehen: © Christian Jung/stock.adobe.com; Linsen: © kolesnikovserg/stock.adobe.com; Tomaten: © Moving Moment/stock.adobe.com; Basilikum: © Jiri Hera/stock.adobe.com; Parmesan: © maxsol7/stock.adobe.com
S. 84: Tortellini: © gitusik/stock.adobe.com; Fenchelknolle: © MP2/stock.adobe.com; Zucchini: © tab62/stock.adobe.com; Cocktailtomaten: © Torsten Dietrich/stock.adobe.com; Knoblauchzehen: © Christian Jung/stock.adobe.com; Paprikapulver: © nuttapongg/stock.adobe.com
S. 86: Gnocchi: © Jenifoto/stock.adobe.com; Kürbis: © PIXbank/stock.adobe.com; Frühlingszwiebeln: © sucharat/stock.adobe.com; Harissa-Pulver: © womue/stock.adobe.com
S. 88: Weiße Bohnen: © Julie Clopper/stock.adobe.com; Süßkartoffeln: © kolesnikovserg/stock.adobe.com; Tomaten: © OFC Pictures/stock.adobe.com; Zwiebel: © Vadym Boyshenko/stock.adobe.com; Knoblauchzehe: © F.C.G./stock.adobe.com; Feta: © bigacis/stock.adobe.com
S. 88: Kohlrabi: © imagineilona/stock.adobe.com; Lauch: © PhotoEd/stock.adobe.com; Linsen: © kolesnikovserg/stock.adobe.com; Madras-Curry: © exopixel/stock.adobe.com; Schwarzkümmel: © Corinna Gissemann/stock.adobe.com
S. 89: Kichererbsen: © happy_author/stock.adobe.com; Zwiebel: © Vadym Boyshenko/stock.adobe.com; Möhren: © angorius/stock.adobe.com; Knollensellerie: © Dmytro/stock.adobe.com; Kartoffeln: © Natika/stock.adobe.com; Hühnerbrühe: © pjjaruwan/stock.adobe.com
S. 89: Bohnen: © Markus Mainka/stock.adobe.com; Mais: © Africa Studio/stock.adobe.com; Frühlingszwiebeln: © sucharat/stock.adobe.com; Chilipulver: © supamas/stock.adobe.com; Tomaten: © karandaev/stock.adobe.com; Gemüsebrühe: © womue/stock.adobe.com
S. 90: Babyspinat: © New Africa/stock.adobe.com; Ingwer: © Natika/stock.adobe.com; Peperoni: © Leonid Nyshko/stock.adobe.com; Garam-Masala: © emuck/stock.adobe.com; Sahne: © oriori/stock.adobe.com; Paneer: © Picture Partners/stock.adobe.com
S. 92: Kichererbsen: © Brad Pict/stock.adobe.com; Ingwer: © Natika/

stock.adobe.com; Knoblauchzehen: © Christian Jung/stock.adobe.com; Curry: © exopixel/stock.adobe.com; Tomaten: © m_______k____/stock.adobe.com
S. 92: Kichererbsen: © Brad Pict/stock.adobe.com; Sellerie: © kovaleva_ka/stock.adobe.com; Paprika: © MissesJones/stock.adobe.com; Tomatenmark: © Bernd Schmidt/stock.adobe.com; Paprikapulver: © nuttapongg/stock.adobe.com; Gemüsebrühe: © photosiber/stock.adobe.com
S. 93: Kidneybohnen: © Markus Mainka/stock.adobe.com; Mais: © Africa Studio/stock.adobe.com; Lauch: © PhotoEd/stock.adobe.com; Paprika: © Petra Schueller/stock.adobe.com; Tomaten: © karandaev/stock.adobe.com; Tabasco: © Jiri Hera/stock.adobe.com
S. 93: Lauch: © PhotoEd/stock.adobe.com; Möhren: © angorius/stock.adobe.com; Kartoffeln: © Natika/stock.adobe.com; Linsen: © osoznaniejizni/stock.adobe.com; Brühe: © photosiber/stock.adobe.com; Weißweinessig: © Svetlana Kuznetsova/stock.adobe.com
S. 94: Linsen: © kolesnikovserg/stock.adobe.com; Gemüsebrühe: © photosiber/stock.adobe.com; Couscous: © Liaurinko/stock.adobe.com; Zitrone: © grey/stock.adobe.com; Knoblauchzehe: © F.C.G./stock.adobe.com
S. 96: Zwiebel: © Vadym Boyshenko/stock.adobe.com; Knoblauchzehe: © F.C.G./stock.adobe.com; Buchweizen: © lilkin/stock.adobe.com; Gemüsebrühe: © photosiber/stock.adobe.com; Babyspinat: © New Africa/stock.adobe.com; Parmesan: © maxsol7/stock.adobe.com
S. 98: Schalotte: © vvoe/stock.adobe.com; Knoblauchzehe: © F.C.G./stock.adobe.com; Zucchini: © tab62/stock.adobe.com; Risottoreis: © Jiri Hera/stock.adobe.com; Gemüsebrühe: © photosiber/stock.adobe.com; Kürbiskerne: © sangsiripech/stock.adobe.com
S. 98: Hirse: © xamtiw/stock.adobe.com; Schalotte: © vvoe/stock.adobe.com; Gemüsebrühe: © photosiber/stock.adobe.com; Erbsen: © ange1011/stock.adobe.com; Petersilie: © rdnzl/stock.adobe.com; Parmesan: © maxsol7/stock.adobe.com
S. 99: Rotbarsch: © ExQuisine/stock.adobe.com; Zitrone: © kitsananan Kuna/stock.adobe.com; Brokkoli: © Paulista/stock.adobe.com; Speckwürfel: © womue/stock.adobe.com; Creme fraîche: © Mara Zemgaliete/stock.adobe.com; Dill: © rdnzl/stock.adobe.com
S. 99: Kabeljau: © womue/stock.adobe.com; Knoblauchzehe: © F.C.G./stock.adobe.com; Paprika: © MissesJones/stock.adobe.com; Tomaten: © bergamont/stock.adobe.com; Ajvar: © Peter Hermes Furian/stock.adobe.com; Saure Sahne: © rufar/stock.adobe.com
S. 100: Möhren: © angorius/stock.adobe.com; Zucchini: © tab62/stock.adobe.com; Frühlingszwiebeln: © sucharat/stock.adobe.com; Lachsfilet: © PhotoSG/stock.adobe.com; Curry: © exopixel/stock.adobe.com; Doppelrahmfrischkäse: © Mara Zemgaliete/stock.adobe.com
S. 102: Putenbrust: © Joe Gough/stock.adobe.com; Knoblauchzehen: © Christian Jung/stock.adobe.com; rote Paprika: © Petra Schueller/stock.adobe.com; gelbe Paprika: © MissesJones/stock.adobe.com; Aubergine: © ChaoticDesignStudio/stock.adobe.com; Garam-Masala: © emuck/stock.adobe.com
S. 102: Aubergine: © ChaoticDesignStudio/stock.adobe.com; Knoblauchzehen: © Christian Jung/stock.adobe.com; Hähnchenbrustfilet: © Joe Gough/stock.adobe.com; Ajvar: © Peter Hermes Furian/stock.adobe.com; Joghurt: © Coprid/stock.adobe.com
S. 103: Rinderfilet: © karandaev/stock.adobe.com; Cocktailtomaten: © Torsten Dietrich/stock.adobe.com; Knoblauchzehen: © Christian Jung/stock.adobe.com; Basilikum: © Jiri Hera/stock.adobe.com; Ricotta: © tstock/stock.adobe.com; Marsala: © Clara/stock.adobe.com
S. 103: Schweinefilet: © Eywa/stock.adobe.com; Schalotte: © vvoe/stock.adobe.com; Champignons: © zeralein/stock.adobe.com; Petersilie: © rdnzl/stock.adobe.com; Senf: © BigNazik/stock.adobe.com; Frischkäse: © Mara Zemgaliet/stock.adobe.com
S. 104: Bohnen: © Jacek Fulawka/stock.adobe.com; Rinderfilet: © karandaev/stock.adobe.com; Chilischote: © Tim UR/stock.adobe.com; Zwiebeln: © Natika/stock.adobe.com; Tomaten: © grey/stock.adobe.com; Sojasauce: © Gresei/stock.adobe.com
S. 106: Gelatine: © ipuwadol/stock.adobe.com; Sahne: © oriori/stock.adobe.com; Milch: © Roland Magnusson/stock.adobe.com; Nougat: © ExQuisine/stock.adobe.com; Mango: © Reena/stock.adobe.com; Zitronenmelisse: © Melinda Fawver/stock.adobe.com
S. 108: Vollkorngrieß: © kolesnikovserg/stock.adobe.com; Kokosblütenzucker: © dima_pics/stock.adobe.com; Erdbeeren: © Parad St/stock.adobe.com; Kokosraspeln: © New Africa/stock.adobe.com
S. 108: Grapefruits: © supamas/stock.adobe.com; Zucker: © Elena Odareeva/stock.adobe.com
S. 109: Eier: © Rynio Productions/stock.adobe.com; Kokosblütenzucker: © dima_pics/stock.adobe.com; Dinkelvollkornmehl: © curto/stock.adobe.com; Milch: © Roland Magnusson/stock.adobe.com; Butter: © bigacis/stock.adobe.com; Puderzucker: © ozmen/stock.adobe.com
S. 109. Beerenmischung: © nikitos77/stock.adobe.com; Quark: © bigacis/stock.adobe.com; Puderzucker: © ozmen/stock.adobe.com; Vanillezucker: © unpict/stock.adobe.com
S. 110: Datteln: © bigacis/stock.adobe.com; Haferflocken: © Natallia/stock.adobe.com; Himbeeren: © maria_bk/stock.adobe.com; Cashewmus: © Peter Hermes Furian/stock.adobe.com; Chiasamen: © photocrew/stock.adobe.com; Kokosraspeln: © New Africa/stock.adobe.com
S. 112: Blutorangen: © Watcharin/stock.adobe.com; Butter: © bigacis/stock.adobe.com; Eier: © ImagesMy/stock.adobe.com; Zucker: © Elena Odareeva/stock.adobe.com; Mandeln: © joanna wnuk/stock.adobe.com
S. 114: Quark: © bigacis/stock.adobe.com; Zucker: © Elena Odareeva/stock.adobe.com; Eier: © Pakhnyushchyy/stock.adobe.com; Butter: © bigacis/stock.adobe.com; Milch: © Roland Magnusson/stock.adobe.com; Vanillepuddingpulver: © baibaz/stock.adobe.com
S. 114: Zucchini: © tab62/stock.adobe.com; Ei: © Pineapple studio/stock.adobe.com; Honig: © Nata Studio/stock.adobe.com; Dinkelmehl: © kolesnikovserg/stock.adobe.com; Backkakao: © AnKudi/stock.adobe.com; Milch: © Roland Magnusson/stock.adobe.com
S. 115: Pflaumen: © OFC Pictures/stock.adobe.com; Dinkelmehl: © kolesnikovserg/stock.adobe.com; Zucker: © Elena Odareeva/stock.adobe.com; Butter: © bigacis/stock.adobe.com; Eier: © Pakhnyushchyy/stock.adobe.com; Milch: © Roland Magnusson/stock.adobe.com
S. 115: Dinkelmehl: © kolesnikovserg/stock.adobe.com; Butter: © bigacis/stock.adobe.com; Zucker: © Elena Odareeva/stock.adobe.com; Äpfel: © Natalja Stotika/stock.adobe.com
S. 116: Cranberrys: © innafoto2017/stock.adobe.com; Walnüsse: © dule964/stock.adobe.com; Butter: © bigacis/stock.adobe.com; Honig: © Nata Studio/stock.adobe.com; Kokosflocken: © womue/stock.adobe.com
S. 118: Zartbitterschokolade: © ozmen/stock.adobe.com; Mandelstifte: © Moving Moment/stock.adobe.com; Zimt: © ange1011/stock.adobe.com; Kardamom: © domnitsky/stock.adobe.com
S. 118: Butter: © bigacis/stock.adobe.com; Zucker: © Elena Odareeva/stock.adobe.com; Puderzucker: © ozmen/stock.adobe.com; Vanilleextrakt: © Diana Taliun/stock.adobe.com; Dinkelmehl: © kolesnikovserg/stock.adobe.com; Stärke: © Mara Zemgaliete/stock.adobe.com
S. 119: Weizenvollkornmehl: © curto/stock.adobe.com; Zucker: © Elena Odareeva/stock.adobe.com; Backkakao: © AnKudi/stock.adobe.com; Zimt: © ange1011/stock.adobe.com; Lebkuchengewürz: © Elena Odareeva/stock.adobe.com; Milch: © Roland Magnusson/stock.adobe.com
S. 119: Rosinen: © Touchr/stock.adobe.com; Calvados: © groupcheers/stock.adobe.com; Zartbitter-Kuvertüre: © ozmen/stock.adobe.com; Marzipan: © Creatus/stock.adobe.com; Muskat: © Diana Taliun/stock.adobe.com; Walnüsse: © Tatyana Sidyukova/stock.adobe.com

Empfehlungen von Anne Iburg

Im Folgenden finden Sie weiterführende Empfehlungen

Margarete Heusch: KE auf einen Blick. Ideal für Diabetiker: Über 1100 Fertigprodukte, Süßigkeiten und Getränke. Stuttgart: TRIAS; 2022

Ursel Wahrburg, Sarah Egert: Die große Wahrbwurg/Egert Kalorien-&-Nährwerttabelle. Nährwerte pro Portion & pro 100 g. Stuttgart: TRIAS; 2018

Bücher von mir:

Anne Iburg: Die Haferkur. Gesund abnehmen. Insulinspiegel regulieren, Heißhunger stoppen, Gewicht dauerhaft reduzieren. Über 80 Rezepte mit Haferflocken & Co. Stuttgart: TRIAS; 2023

Anne Iburg: Köstlich essen - Cholesterin senken. Über 130 Rezepte: endlich gute Blutfettwerte. 4. Auflage. Stuttgart: TRIAS; 2022

Kostenfreie BE-KE Umrechnungstabellen (letzter Zugriff 04.10.2023):

www.stada.de/media/lagpa2zj/kh_be_umrechnungstabelle_mit_beschnitt.pdf

www.diabetesde.org/system/files/documents/kh-tabelle_quelle_vdbd_2017.pdf

www.lilly-diabetes.de/assets/pdf/brochures/german_brochures/de_diabetes_kh-tabelle_deutsch.pdf

Deutsche Diabetes Hilfe
www.diabetesde.org

Deutsche Gesellschaft für Ernährung e.V.
www.dge.de

diabinfo
www.diabinfo.de

Bibliografische Information der Deutschen Nationalbibliothek
Die Deutsche Nationalbibliothek verzeichnet diese Publikation in der Deutschen Nationalbibliografie; detaillierte bibliografische Daten sind im Internet über http://dnb.d-nb.de abrufbar.

Programmplanung: Uta Spieldiener
Projektmanagement: Elisa Salemi
Redaktion: Ursula Brunn-Steiner, Vaihingen/Enz
Bildredaktion: Christoph Frick, Marie Crämer

Umschlaggestaltung: © Thieme
Layout: CYCLUS · Visuelle Kommunikation, Stuttgart
Konzeption Layout Rezeptseiten: Daniela Sonntag

Bildnachweis:
Fotos im Innenteil:
Covermotiv und Bild S. 3: Daniela Sonntag unter Verwendung folgender Bilder: Paprikas: © grey/stock.adobe.com; Hähnchenbrust: © Joe Gough/stock.adobe.com. Composed & Edited by Thieme
Autorinnenfoto: T. W. Klein (Frankfurt a. M.)
Foodfotos und Zeichnungen: Daniela Sonntag
Zutatenfotos: stock.adobe.com (ausführliches Quellenverzeichnis auf S. 123–125)

1. Auflage 2024

TRIAS Verlag in Georg Thieme Verlag KG
Rüdigerstraße 14, 70469 Stuttgart, Germany
www.trias-verlag.de

Printed in Germany

Satz und Repro: Fotosatz Buck, Kumhausen
Druck: AZ Druck und Datentechnik GmbH, Kempten

Gedruckt auf chlorfrei gebleichtem Papier

ISBN 978-3-432-11818-5 1 2 3 4 5 6

Auch erhältlich als E-Book:
eISBN (ePDF) 978-3-432-11819-2

Endlich das Wohlfühlgewicht **erreichen – und halten!**

Anne Iburg
Die Haferkur. Gesund abnehmen
ISBN 978-3-432-11760-7

Bequem bestellen über
www.trias-verlag.de
versandkostenfrei innerhalb Deutschlands

Stand 11/2023: Preisänderungen und Irrtum vorbehalten 23PE76

TRIAS